U0023774

思想觀念的帶動者

文化現象的觀察者

本土經驗的整理者

生命故事的關懷者

羅耀明

如果今天就要說再見

10堂教你瀟灑活著
充滿勇氣的生死學

目次

【推薦序】

死亡不是人生的結束，而是生命的完成

黃孝鏘

羅耀明老師從事「生死學」教學多年，我有幸先拜讀其著作《如果今天就要說再見：十堂教你瀟灑活著、充滿勇氣的生死學》全文，深為讚佩，承囑謹為之序。

在我印象中，「生死學」（Thanatology）是近年才普遍興起的一門學科，它是「生命教育」中非常重要的課題，更是一門集科學、醫學、哲學、神學、文學、藝術、音樂、心理學、社會學等大成的綜合學問，是超越時空、全面整合人類身心靈的學問。然而，大多數人避而不談，或是認為只有宗教人士才要面對。

本書羅老師集多年的教學材料、輔導實務經驗，以及引述學員的分享心得，以豐富的情感、優美的文字，呈現在讀者之前，感人至深！即使對一位行醫已逾半世紀的「杏林園丁」（本人曾以口述方式發表自傳《杏林園丁》，追述親自籌辦兩所醫院前省立雲林醫院【現為台大醫院雲林分院】及亞東紀念醫院，並先後出任五家醫院院長之經歷，而自喻為園丁），也是深為感動！尤其對病人的臨終關懷，以及有關安寧與DNR等問題的討論；絕症病患若能簽署放棄不必要的心肺復甦術（DNR），不僅可節省醫療資源的浪費，更可減少病人的折磨痛苦，維持人性的最後尊嚴。此外，我也認為死亡沒有專家。若大家能如同羅老師所主張的：以善念與正向的心態來面對臨終的課題，臨終也可以是有美感的；對往生者及親友而言，必有光明積極的意義。這也應驗了一句話：「死亡不是人生的結束，而是生命的完成」！

二〇一一年八月六日寫於美國加州密爾必達市（Milpitas）
（本文作者為行政院衛生署台中醫院前院長。
現任中華民國失智者照顧協會理事長、
台中榮民總醫院高齡醫學中心顧問）

名人真情推薦

【推薦語一】

他為我上過的每一堂課是我生命中無比珍貴的寶藏，他的教誨讓我每每在跌跤之後仍然心懷感謝，重新站起；在最孤獨的時光一次一次尋回生命深處泛湧而出的甘美。認識他使我此生無比幸福。

——張經宏（台中一中國文老師，九歌兩百萬文學獎得主。著有《摩鐵路之城》、《出不來的遊戲》、《好色男女》）

＊＊＊

生命的意義不在長短，而在它的美麗與貢獻。有生就有死，不死就不生。

生命的盡頭就是死亡，死亡的結果帶來新生。生死之間，循環相伴。要認識生命，不能不識死亡。

耀明這一本大著，極具意義。說出生命的真相是美麗的，人可以活得灑脫自在；生命的總結是可以善終的，人可走得心安理得。這一本書最大的特色，就是告訴人們：活著的時候，要活出生命的美麗；臨終的時候，要智慧的面對死亡。我們無法選擇出生，卻可以預備怎麼臨終。

如果今天就要說再見，你將如何作智慧的選擇呢？讀完本書，讀者將可以體悟生命的可貴，掌握善終的權利，實踐臨終的關懷，並且知道如何勇敢地面對生命的終點，學會做個跨越時空、超越自我、逾越生死的人。這是一本值得一讀的好書。

——胡夢鯨教授（國立中正大學成人及繼續教育學系教授）

＊＊＊

善終不是理所當然的康莊大道，路上有不少的阻礙橫陳——很多是自己擺上去的。這本書幫我們看清楚自己的障礙，不過移開障礙還是要靠自己的。

——黃曉峰醫師（台中榮總緩和醫療病房主任、婦產部醫師）

＊＊＊

和我一同參與生死學的朋友在課後說，她不再害怕黑暗和夜總會了。我在課後積極學習，使生命更豐富，學習改善關係，好讓彼此留下美好的記憶。很開心老師的書即將問世，願隨著書籍出版，讓愛傳出去，讓人們的生命與關係更美好。

——吳陳貴琴（樹德企業股份有限公司董事長）

＊＊＊

看了耀明的書，心中充滿的感動非筆墨能形容！能夠在社區大學開設討論生死與臨終關懷的課程，導引社會大眾認識生死學，是多麼有意義的事呀！死亡是人生中的一大課題，但是過去的教育對此一片空白，民眾也停留在害怕、恐懼。耀明從靈性教育的角度，規畫出一系列主題，幫助我們跳脫生死，探索並重新認識生命的本質，是值得推薦的好書！

——蔡秀美（國立中正大學成人及繼續教育系系主任）

＊＊＊

當我們在為新生命誕生而慶賀時，就應懷抱其終有凋落的準備。一如四季的循環，生命的每一時刻都應深入體會，細細品味，面對死亡亦何嘗不然？作者從對死亡的準備立言，以積極正向的角度分析面對生命凋零時應有的態度、知識與面對失落的悲傷平撫歷程，實為提升心靈之佳作。

——張菀珍（國立中正大學成人及繼續教育研究所、高齡教育研究所副教授）

【推薦語二】

學員感動推薦

「這是我上過流過最多眼淚的課了；透過淚眼，窺視死，看見生，反省過去，淨化現在，映照未來。」

——陳懋媛

＊＊＊

「老師上課帶領的方式和說唱俱佳的臉部表情、聲音，附有魔法，吸引著我們。因上完課會帶著超大笑臉和被安撫的心回家。總之，很有感覺的課。」

——王宥蓉

＊＊＊

「課堂上老師發自內心的真誠及親切感，讓我們在溫馨、輕鬆的氛圍下掀開死亡的面紗。果不其然，有老師的陪伴去看待死亡，它並不那麼可怕或悲傷，甚至讓心情轉了一個大彎，可以祥和、充滿愛意地去面對死亡。」——顧美智

＊＊＊

「老師將原本是生命不可承受之重的課程，帶領得如此柔軟卻又感性。心裡本來的凝重和難以跨越，在上課後，濃霧漸散而轉變得更加輕盈。死亡是人生的習題而不是難題，我可以更加確認，生命中的空缺透過一次次的領悟，一層層的填補，自己找到的滿足才是心底真正的需求。再次感恩。」——連惠宜

＊＊＊

「母親的一場病讓我驚覺，接近死亡卻無能為力。我選擇來上課，因我不想將問題留在心底。認識死亡的正向意義，與同學的真情分享，使心靈自我療癒。感謝老師在我對生命感到困惑時，開啟了另一扇明亮的窗。」——盧麗琴

＊＊＊

「阿嬤往生十多年，我還常夢到她。上課後，才了解是自己的愧疚與不捨形成這夢境。現在我知道該站在阿嬤的立場，放下自責，祝福才是正道。」

——小芬

＊＊＊

「你可曾上過一種課程，有時彷彿搭上了心靈的雲霄飛車般激動又刺激，有時又彷彿浸潤在森林小溪的潺潺流水中，靜謐而悠遠；沒錯，這就是我體驗到的生死學課程。每個人都會面對生死的課題，而這些傷痛往往是令人難以承受。或許你會選擇忽略它，任由它靜靜的塵封在心靈的暗隅，希望自己永遠不要打開它。偶爾你會在生命的吉光片羽中不經意的瞥見它，清楚的知道，有一個真實的自己也被禁錮在那個角落，卻無能為力安慰與釋放。何其有幸，有一位老師，能以充滿愛與柔軟心的能量來為我們做導引，開啟一頁又一頁的生命之歌，每一首樂章都含藏了一副開啟心靈的鑰匙，令人悲傷，使人感動，而一切的音聲無非是為了共譜一首樂曲，那就是：愛與淨化，愛自己，淨化自己，與自己對話。這堂課，是一扇門，它開啟了生與死的對話，是療癒，是淨化，也是生命的洗禮。」

——蒙潔汝

＊＊＊

「對老師的第一個印象是娃娃稚嫩的臉，但卻有個老靈魂住在身體裡面。他的引導讓我們這些庸庸碌碌的學員，認真思考自己的生活，自己跟家人的關係。」

＊＊＊

「以前我有很多挫折，但卻哭不出來！但來到這裡，我哭得出來，這真是種享受！」

＊＊＊

「課堂中常聽到老師與同學的笑聲，讓我相信談死亡也可以很歡樂。」

＊＊＊

「雖然有時候覺得課程議題好沉重，逼著我去面對生命的結束。也因為這樣，我學會事先準備。當我死過一遍後，反而覺得面對死亡可以很灑脫。」

＊＊＊

「以前很避諱談死，現在卻覺得生與死是一體兩面，是結束與開始。以前不會表達情感，現在會用行動對癌末的母親表達心中的愛。」

＊＊＊

「在老師身上我看到了每一天都當作最後一天來活的示範，這啟發了我的靈魂。生命不在長短。」

＊＊＊

「我的朋友都很訝異為什麼我會上這樣的課程，這種課不是很沉悶嗎？我說：我們班上的同學每次都很期待上課，而且很快樂，沒有人希望缺課，缺課是自己的損失。然後他們都說：看得出來，你真的上得很快樂。」

【自序】

舉重若輕談生死

羅耀明

前幾天，剛接觸生死學課程的社大學員，在下課後和我聊天，她說她擔心隨著進度，未來的課程將愈來愈近逼內心深處，屆時不知自己能否面對？我告訴她：「小孩子對這個世界是充滿好奇的，我們來向天真的小孩學習，以無畏的心、開放的心來面對未來的課程、面對死亡。」她聽了以後，像個小女孩一樣，笑了起來。

「**上這門課程，會愈上愈心安踏實、愈輕鬆快樂喔！**」這是多數參與過生死學課程的學員的心聲。談論死亡絕不是悲觀，更不是觸霉頭，相反的是讓人們心中恐懼死亡的角落，得以向廣大的天空開啟。當陽光普照進來時，將發現那塊角落竟綻放光明，照亮我們的生命，讓我們享受自在和有情有義的人生，並成為在暗夜裡為人引路的光。「死亡」具有不可思議的能量與美感，它的美好將會在我們準備好迎上它時，逐漸展露。

生死學的學習之旅

對於生命教育、品德教育的議題，我一直深感興趣，除了生死學，人際之間的溝通、美好關係的建立、自我情緒的管理、良好人格的養成、個人心靈的提升，甚至是企業的感動經營……都或多或少有所涉獵，但其中最早吸引我的，還是生死學。人們在宗教、在古老典籍與大自然界尋找超脫生死的方法，而我也在自己學習的經驗裡找到了安心之道，繼而將所學整理成一系列課程，與朋友們分享。

這段學習之旅，是從一九九四年就讀逢甲大學時參加佛學社起始。當時接觸了傳統佛教對往生者的助念關懷，在那寂靜莊嚴的氛圍裡，參與其中的人們感覺到的是佛菩薩的護祐，少有恐懼。一九九八年我於華梵大學東方人文思想研究所研讀佛學典籍，那是一段內斂沉潛的美好時光，之後以禪定為研究主題，完成了近二十萬字的碩士論文。禪定學的研究奠定我以佛法詮釋一個人的身心變化，以及詮釋心與境之間的關係的基礎；再加上二十次參與七日禪、十日禪，與數百次一日禪的體驗，使我對於身心的感受與內心所生的「相」與「想」的關係，格外敏感。而這些都有助於日後在「生死教育」的詮釋與教學上的應用。接著，在台灣聖脈生命教育協會的學習，深化了我的生命體驗與教學能力，本書許多關於死亡的概念也是出自當年在協會學習的體會。二〇〇六年起，有機會接觸台中榮總緩和醫療病房，參與了多場台灣安寧照顧協會舉辦的安寧志工研習，以及安寧網際網路遠距視訊會議的個案研討，這些學習經驗讓我對末期病人在面對臨終時身心的煎熬，以及安寧療護扮演的角色，有了更多的認識。後來實際多次對臨終者與往生者做臨終關懷的經驗，是促成撰寫本書第六、七、八章的靈感。

過往的養成教育讓我習以佛教的觀點看待生死，因此為了填補對基督宗教認識的不足，我也接觸教會，參與週日禮拜，閱讀聖經；其中和基督教、天主教友人的互動，幫助我有更寬廣的宗教視野。在此，深深感謝他們的教導與分享，豐富了課堂的宗教理論與實例。

寫書的初衷

人們普遍恐懼死亡，然而在各學門中只有宗教對死亡的討論較深刻。我在宗教學習的經驗，以及從事成人教育教學工作的歷程，一直在「宗教」與「通俗實用」兩方來回揣摩，如何恰如其分地使用淺白的語言，傳達古典宗教的美感，達到既平易近人又不失深度的境界。這不是件容易的事，但這是我努力的目標。

講授生死教育課程近九年，心中盼望能寫一本幫助讀者輕鬆看待死亡的書。然而，「生死教育」是個一看就令人感到嚴肅的名詞，要如何舉重若輕地談論它呢？為了讓本書讀起來輕鬆具臨場感又不失知性，我以課堂的氛圍作為書寫的情境，並大量放入我與課堂學員的實例分享，希望能讓讀者在輕鬆閱讀中學習超然的生死觀，並激起心中智慧的火光與反思。

我在台中市文山社區大學講授的「從電影看生死與臨終關懷的藝術」課程亦受到教育部肯定，於二〇一一年獲得教育部指導全國社區大學優質課程的徵選，最後榮獲學術類「特優課程」的最高榮譽。

本書能獲得心靈工坊文化公司出版，最要感謝摯友張經宏老師的引薦；而心靈工坊團隊對本書的細心孵育，其中編輯心宜與行銷俞君的最後助力，使得本書能以美麗的姿態問世。

本書絕非憑筆者一人之力能夠完成，首先要感謝書中所有被分享的匿名者，由於您們在課堂參與的過程，經驗了死亡的恐懼與重生的喜悅，才能使得本書更生動有情。還要特別感謝台中榮總安寧緩和醫療病房的黃曉峰醫師，黃醫師有關醫療專業的指正，使得本書能傳達正確的安寧知識。要特別感謝的人，還有去年社大班上重量級的學員，前台中署立醫院院長黃孝鏘醫師。當我知道其顯赫的醫療專業與看盡無數生死的經歷時，曾一度擔心自己的教學是否能通過考驗；但黃醫師最後對課堂的肯定，與其為本書所寫的推薦序，都令我感激萬分。此外，在中正大學成教所修業期間，感謝張菀珍老師「臨終關懷與死亡教育研究」課堂上的教導，讓我能以宏觀的視野，觀見國內外死亡教育的研究。

最後，感謝家人以及我最摯愛的母親對我永遠無條件的支持。還有好多好多位應該感謝但這裡未提及的朋友，您們的存在不僅是我寫書的動力，更賦予我有意義的生命。

二〇一二年三月二十日於中正大學成人及繼續教育研究所研究室

【前言】

一張圖的故事

本書封面前折口下方的彩圖，是二〇〇六年生死學課程的學員謝淑華老師，為了生死學講義的封面所繪的，我非常喜歡這張圖的意境。謝老師的父親在她唸大專時離世，她一直對父親懷著強烈的愛與思念，但有一段時間，生命中許多不愉快的事件接踵而來，她曾一度尋不著來自父親的力量。她把這種心境畫下來，圖中女孩昂首凝望天父，正是畫者凝視天上的父親的投射。很神奇的，當圖繪成後，她感覺心中那塊思念父親的空缺也填滿了，心底又出現了支持的力量。這正是藝術治療吸引人之處。而今，她已投身於兒童藝術治療的行列，陪伴孩子走出心靈的幽谷。

圖畫的寓意

每次新學期開始，我將講義發給學員時，都會講述這個封面的故事，因為這張圖隱喻了生死學想要傳達的精神。

看到圖中生命之樹上方綻放的那朵粉紅色花朵嗎？愛心形狀的花朵，其實是布滿血管的心臟，象徵活生生、血淋淋的生命。這朵心臟之花並沒有任何外在的保護，它赤裸裸地綻放著生命的熱力與光彩，讓人們感受到生命雖美好卻也脆弱。風陣陣吹拂著，代表無常的侵襲，也是時間不斷流逝的意象；突然間，一根血管被無常的風吹起，它和生命之樹的連結瞬間被扯斷。脫離了心臟的血管，像是蒲公英（蒲公英帶著新生命的種子）般，乘著風向天空飛去；此時生命開始轉變，幻化成一隻張開雙翅的鴿子，鴿子奮力振翅向上飛揚，穿越天空的盡頭後，在另一個世界重生了。瞧！牠正在那個世界自在地飛翔，繼續新生命的旅程。

死亡不是終點，而是以不同的形式在另一個世界重生；生命沒有往死，只有往生。

該如何面對死亡的課題呢？

和生命之樹緊緊相依的小女孩，儘管不斷地被無常的風所吹襲，儘管摯愛的親人一個個隨風飄逝，但她相信死亡不是生死兩隔，因為心中的真愛連結了生與死，所愛的人雖死了，心中的愛更加鮮活。小女孩深情地凝望天空，沒有哭喪著臉，而是帶著一抹淺淺的微笑，似乎是為親人送上最真摯的祝福，又似乎是希望離世的親人可以看到她開心、放心，對自己的生命有信心的樣子。她的心情和樹上的小鳥合成一氣，哼著禮讚生命之歌；也許小女孩會覺得這隻小鳥是親人的愛所化現，陪伴守護著她。在有心人的心中，親人的愛無所不在。

生命的最終章，充滿美感。生死學課程想要傳達的，正如上述，希望以自然、深情、正向與超越的態度來面對死亡。死亡不是生命的消滅，而是滋養其他生命的沃土，長養我們的慈悲與智慧，提醒我們要好好活著，活出真愛的傳承，活出自己嚮往的最真、最善與最美的生命。

（本圖印製於封面前折口）

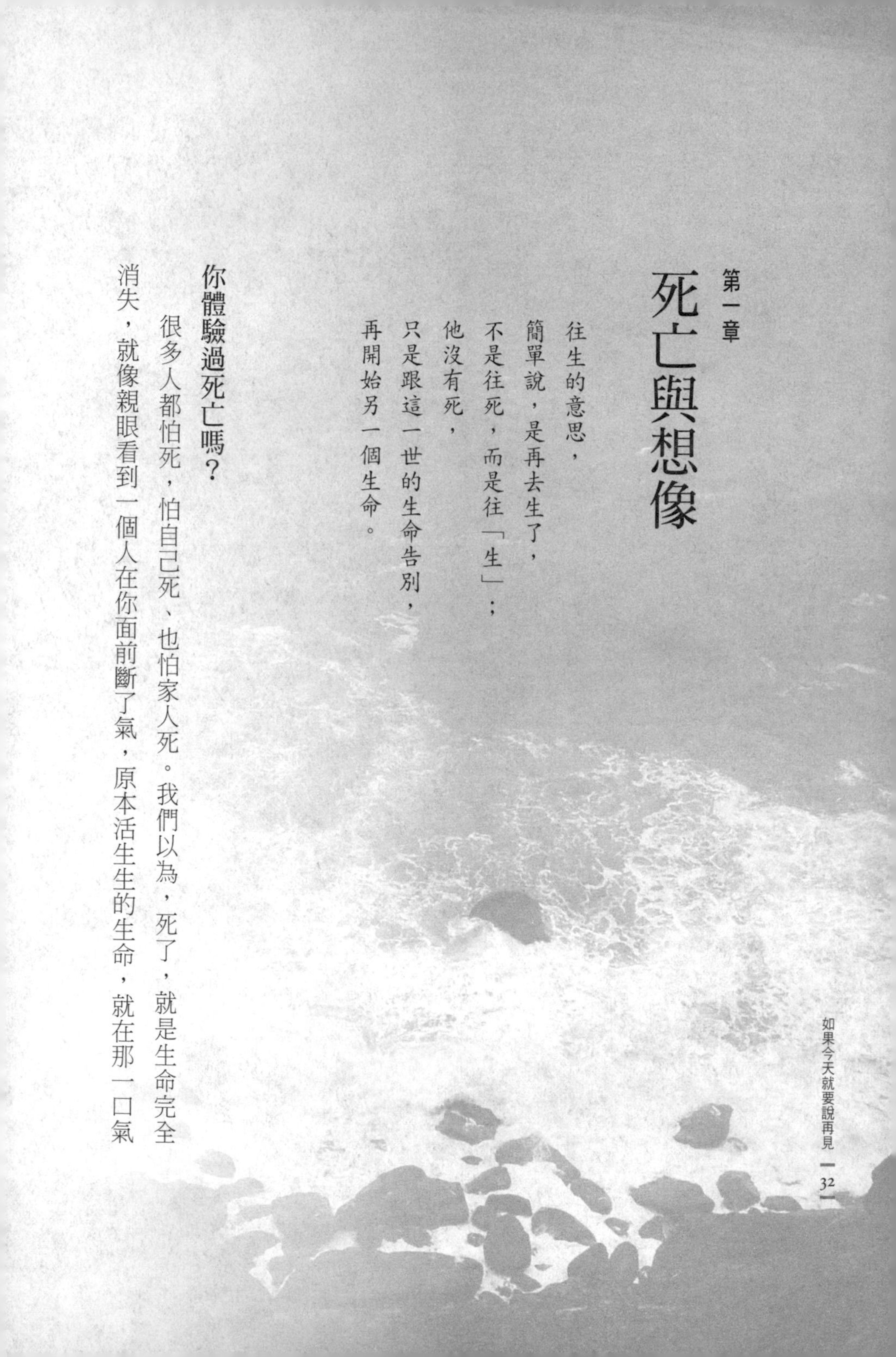

第一章

死亡與想像

往生的意思，
簡單說，是再去生了，
不是往死，而是往「生」；
他沒有死，
只是跟這一世的生命告別，
再開始另一個生命。

你體驗過死亡嗎？

很多人都怕死，怕自己死、也怕家人死。我們以為，死了，就是生命完全消失，就像親眼看到一個人在你面前斷了氣，原本活生生的生命，就在那一口氣之後不見了，像一陣煙升到空中，消融在天空裡，抓也抓不回，喚也喚不醒。這是我們「看到」的，但不是我們「體驗到」的。

「你親身體驗過死亡嗎？」如果你曾被醫師宣告死亡，感覺自己游飛在空中，穿越重重磚牆，眼睜睜看著另一個你躺在病床上，也看到家人們肅穆哀戚地圍在你身邊，但你跟他們說話，他們卻聽不見。最後，你奇蹟式地活了過來，並且對之前所看見的種種指證歷歷。這類你我都曾聽聞的故事，算不算體驗過死亡？顯然還不算，因為你又活過來了，這頂多只能稱為瀕死經驗（near death experience）。如果你可以回想到上輩子、上上輩子是怎麼死的，甚至想起當時的死狀，死時周邊的場景與人物，這樣算不算體驗過死呢？如果將死定義為「生命徹底消失」，那麼你還是沒死，因為這是死了之後又再生，來到了這一世。

沒有死，只有往生

「往生」的觀念，現今已很普及，常見於宗教人士的言談，也常被醫護人員及殯葬業者使用，甚至連一般人也漸漸習慣使用了。往生的意思，簡單說，是再去生了，不是往死，而是往「生」；他沒有死，只是跟這一世的生命告別，再開始另一個生命。我想很多人跟我一樣，認為「往生」這觀念能帶給人安慰，減少家屬內心失去親人的失落與心痛。

有一次我在公家機關帶讀書會時，一位成員胡大哥說他媽媽兩個月前去世，但爸爸一直無法走出喪妻之痛，鎮日茶不思飯不想。有一天，胡大哥的舅舅夢到他姊姊（也就是胡大哥的媽媽），就到胡大哥家跟他們父子說：「我昨天晚上夢到我姊姊，你知道她在哪裡嗎？我看到她就坐在觀世音菩薩面前，很認真地聽著菩薩開示說法呢！旁邊還有金童玉女耶！」胡爸爸聽完竟然說：「她怎麼這麼好康（台語：好運）！竟然可以在觀音菩薩面前聽法，以後我不知道能不能像她那樣。」胡爸爸頓時感覺到太太沒有消失，他不但知道太太到哪裡去，而且是到了很棒的世界，為此還升起一絲嫉妒呢！如果此時，你再問他太太有沒有死，他應該會覺得她沒死，而是在菩薩的世界繼續活著。

我有個叫小玉的朋友，她先生在七年前過世。她先生本是大醫院的內科醫師，後來自己開業，沒想到開業兩年就得了肝硬化，發現時已經末期。先生走後兩年，小玉依然陷在喪夫的哀傷裡。有一天，我和她到餐廳用餐，因知道她最近開始學佛，便問她：「妳相信輪迴嗎？妳先生這一生跟妳很有緣，所以來作夫妻。不過，我告訴妳，旁邊那桌那個客人有可能是妳上輩子的先生，還有再過去那一桌的人，他是妳上上輩子的先生，再過去那個是妳上上上輩子的太太，因為那時候妳是男生。」我笑著說完後，表情轉為正經，說：「為什麼妳只注意這一世的先生呢？」我這麼一問，把她對生命與時間的認知拉開了，開展到用好幾世的角度來看待此生的夫妻關係。她有所悟地說：「對啊！如果我相信生命是個旅程，那我這一世的先生只是跟我這一生有緣，也許他投胎後就不記得我了。」她又接著說：「我應該要把自己過好，我相信他一定希望我把自己照顧好。」當她這樣想後，心打開了，烏雲散去了，這一世夫妻之間的情執也鬆開了。

往生者活在有心人的心中

從宗教的角度來說，即使佛陀已入滅兩千五百多年，主耶穌升天國也有兩千多年，但對虔誠的宗教徒來說，他們在讀佛經、持誦咒語，或是在讀聖經、禱告時，仍然覺得佛陀與他同在，主耶穌與他同在。你說那是不可能的，但他們的確是這樣感覺，因為他們對佛陀、對主耶穌有很深的情、很深的愛、很深的信，在心中願意空出很大的位子給祂們。對他們來說，佛陀、主耶穌沒有死，沒有離開，祂們不在外面，而是活生生地在心裡，甚至是無所不在。

電影「哈利波特」（Harry Potter）也傳達了這種觀念。最後一集「死神的聖物」是全系列中死傷最慘烈的一集，許多重要角色在正邪兩方激烈戰鬥下壯烈犧牲。當哈利明白他與佛地魔決戰將必死無疑時，決定孤身前往。在進入與佛地魔約定的森林前，他發現了重生石，同時他的媽媽、天狼星以及已故的長輩們都出現在他面前，他們告訴哈利：我們一直都在你身邊守護著你，我們也將與你一起和佛地魔戰鬥，而且未來也將永遠與你同在，因為我們就在你的心中。這一幕真是感人啊！然而，令人訝異的是，哈利竟捨棄可以幫助他起死回生的重生石，獨自走入森林。是什麼原因讓哈利放棄重生石？是他覺得若戰死了，就將與死去的親友相聚，還是因為有親人加持的力量，讓他有信心面對戰鬥？理由很簡單，就和我們曾有過的經驗一樣，當我們感覺到心愛的人活在心中時，便會充滿不可思議的力量，勇往直前。

活在想像的世界中

我曾在課堂中問學生：「覺得自己至少還可以再活三十年的，請舉手！」

沒想到真的有人舉手耶！舉手的學員，有年輕人也有上了年紀的。三十年，好久喔！我覺得一個人要撐三十年實在不簡單，現在意外死亡、生病罹癌的這麼多，怎能如此有把握呢？也許他們是依據台灣的平均壽命來推估自己至少還可以活三十年。但是，覺得自己還可以活個幾十年的這想法，其實是我們的想像。

從唯心的角度來說，我們是活在自己想像的世界裡，就連我們認為親人現在是生是死，也都是想像。來做個小小的測驗，你確定你的家人現在還活著、還安在嗎？你百分之百確定？要不要打個電話？

每次我在課堂上做這個調查時，也總會有人很篤定地舉起手，說他確定家人都還活著。當然，我不是要恐嚇大家，只是要傳達「無常」以及生活中充滿想像的觀念。我問他們，是否曾經驗過類似的事：在某個三年一次的同學會席間，聽到同學說：「那個老王，在上次同學會的隔一天，就因為車禍過世了！」你大驚失色說道：「不會吧！我今天來同學會還想順便問他股票的事情呢！這三年來我還以為他還活著咧！」所以，「老王還活著」這件事是不是你的想像呢？是的，是你的想像，你一直活在想像當中，直到這一天才更新了資訊。

用正面的態度來想像

既然「想像」對生活有這麼重要的影響力，那麼是朝正向想或是朝負向想，就有很大的差別了。有些人會神經兮兮地容易恐慌，或唉聲嘆氣、悲觀厭世，是因為他們腦中有很多雜念、亂想，總想像會發生不幸，想像有人要傷害他，腦袋不停地狂奔亂馳，整個人無法平靜。其實每個人或多或少都有憂鬱悲觀的時候，但如果能學習停止雜念，培養定力以及正面取角的能力，生命品質一定能改善。當然，面對死亡時也會有幫助。

為什麼有的人總是能以正向角度來解釋周遭環境，而有的人總是以負向的角度來看世界？心理學家彼得森（Peterson）與史汀（Steen）回顧過去的文獻，歸納出五個可能的因素，分別是：（一）基因；（二）父母教養的方式；（三）老師的教導方式；（四）大眾傳播；（五）個人的重大創傷經驗。以上，除了基因，其他四個因素都與後天有關，可見人們正向與負向的性格深受環境的影響。

正向思考的態度，近來已被心理學界重視。不同於過去專注於探究童年經驗、療癒創傷的心理治療，正向心理學（Positive Psychology）的出現，讓人們以嶄新的角度來面對心理問題。人可以不只是回顧過去的創傷，更可以因為知道自己的強項、優勢，知道自己擁有怎樣的資源，而有足夠的信心向前行（蕭文，二〇一〇）。近十年來，以「正向心理學」的觀點來探討如何從逆境中轉化，並使挫折經驗對個體形成正向的影響，是心理學研究的重要趨勢。

彼得森與史汀在《正向心理學叢集》（*Handbook of Positive Psychology, 2002*）這本書中提出了「樂觀解釋型態」這個觀點，來解釋為什麼有些人會在挫折中倒下，而有些人卻剛好相反，越挫越勇。正向心理學者如塞利格曼（M. Seligman）等人，更呼籲學校應積極培養學生更強韌的生命力與積極正向的人生態度，以面對生命中隨時可能發生的挑戰（林烘煜，二〇〇八；唐淑華，二〇〇八）。以負向、悲觀的角度來解釋境界的習慣，是可以改變消除的，樂觀、正向的解釋能力是可以培養塑造的。

朋友阿芝來電說，她姊姊往生幾天了，她希望替姊姊做七，但家人提議只做頭七和尾七。阿芝擔心太草率，於是來問我該怎麼辦。為亡者做七，是我國喪儀中傳統的習俗，但在現代的工商社會中，每個人都非常忙碌，加上家人散居各地，要圓滿七個七確實有困難，因此才有了只做頭七、尾七的改良版。面對她的憂心，我用非宗教的角度來解釋，讓她重新認識做七的意義：

做七的意義就是為了要讓大家在這個時間相聚，一起懷念姊姊，並且給她最美好的祝福。姊姊有緣和大家做親人，我們利用做七的相聚，一起來回憶姊姊過去帶給我們的感動和啟發，我們也可以利用這機會表達對姊姊的感謝。透過這樣的分享，讓姊姊在這一生沒有白過這一遭，我們的追思與分享讓她的生命更有意義，這就是做七的意義。

阿芝聽完，說道：「老師你這麼說，我就不會覺得做七只是民間習俗而一定要照著做，只要用真心來做七，姊姊就會感受到，次數不是最重要的。」台灣的喪禮有非常多儀式，有時儀式過於繁複，讓喪家變成只是拿香對拜，在形式上跟著做，卻忘了每個儀式背後，有其深厚的心意。我們若能在儀式中找到正向對待的角度，那麼行禮如儀時，將會感到更加踏實有意義。

對死亡的恐懼，是對未知的恐懼

中西方學者都對人們恐懼死亡的原因做了研究，發現人們恐懼死亡的原因都包括「對未知的恐懼」（註一）。這個「未知」，是人們對「沒看過的死後世界」的想像，也就是一個人成長時所累積的對死後世界的認識，這與個人的宗教信仰、所屬的傳統習俗、家庭教育、社會教育極有關係。

我記得小時候一位長輩告訴我，經過墳墓或人家的靈堂時，為了不要讓陰魂卡在身上，就吐個口水，這樣就不會卡到陰了；卡到陰會發生很多可怕的事，有的人甚至會發瘋喔！聽長輩這麼說，我就認定「卡到陰」非常可怕，所以每經過靈堂或看到靈車都會撇過頭吐個口水，以免陰魂上身。從小到大我已經吐過數不清的口水了，現在想起來就覺得好笑。

不同的民族，死亡觀也非常不同。例如有次上課，一位出身蘭嶼的學生告訴我，達悟族人的傳統觀念認為人之所以罹患疾病，是因為遭到惡靈附身，而人死後會變成惡靈，惡靈將給活人帶來厄運。所以，老人若生重病或臨終時，依照傳統，家人不應就近照顧，一般老人會識趣地到偏僻的海邊小屋度過餘生。老人死後，家人就將遺體捆一捆丟到墳墓區；墳墓區是個充滿惡靈的地方，人們平常不會去，以免召來厄運（註二）。這樣的死亡觀，與漢族大相逕庭。

認真檢視就會發現，我們怕死、怕鬼的心態，與上一代無形中的「教育」有關。在長輩的言談中，世俗文化的薰染下，我們不知不覺地延續了先人對死亡與鬼魅的認知，腦海裡也堆積了愈來愈多對死亡和鬼魅的想像，而且大都是負面的。因此，在午夜上廁所時，在無人的暗夜裡行走時，在聽到異常的狗吠聲時，在經過殯儀館的圍牆時，在看到靈車上的棺材時，或是看過一場恐怖的鬼片後，閱讀一本有關惡靈的小說後，莫名的恐懼便湧上心頭，繪聲繪影的死亡與鬼魅形象影響了當下的心情，甚至干擾了生活。可見，人們對死亡的恐懼，深受人云亦云的環境影響。也許我們會說，「前人」是編織死亡觀的始作俑者；那麼就從現在開始，好好培養自己對死亡的正向思考能力，好讓後人能有正向的死亡觀。

如果一個人對死後的世界能懷抱著美好的想像，那煩惱與難過應該會減少吧！例如，虔誠的基督徒認為死後將升到天國，可以和親人在天家相聚；淨土宗的佛教徒認為死後可因對阿彌陀佛的淨信，而往生到極樂世界繼續修行，邁向成佛之道；或是像台灣的賽德克族認為，臉上有著紋面圖騰的賽德克・巴萊，死後將走向彩虹橋的另一端，去到祖靈的故鄉，一座永恆且豐美的獵場，所以死後就是歸鄉；如果你沒有宗教信仰，但深信老莊自然逍遙的哲學，那麼你可能會覺得死是種解脫，是落葉歸根。一個人如果能有正信的信仰與正向的想像，對死亡的恐懼就能降低很多。

隨堂練習

一、當我想到死亡，第一個想到什麼？

二、我第一次接觸死亡的經驗，是在何時？有什麼感覺？（例如面臨親朋往生，或親眼看到死亡發生）

三、我和家人會談論死亡嗎？我曾和家人談過彼此的後事要如何辦理嗎？

四、死亡對我來說，有什麼正面意義，以及負面意義？

註一、例如，國外學者Kastenbaum等人，將個人對死亡恐懼態度的主要原因歸納為十項；Pattison（1978）對臨終病人對死亡恐懼的分析，歸納為八項（吳庶深，一九八八）；另外，國內學者趙可式於一九九三年所做的研究，將害怕死亡的原因歸納有五項：（1）未知的恐懼；（2）失落與分離的恐懼；（3）對死亡的形貌及死亡過程的恐懼；（4）未了心願的遺憾及恐懼；（5）對人生過程的悔恨，來不及補救的恐懼（趙可式，二〇〇七）。以上死亡恐懼的研究，皆有「未知的恐懼」一項。

註二、有關蘭嶼的死亡觀，可以參考紀錄片《面對惡靈》。該影片的導演張淑蘭（希瑪妮芮），是達悟族族人，本業為護士。她在二〇〇一年第一屆「台灣國際民族誌影展」中發表了這部紀錄片，用鏡頭說明達悟族人的生死觀與醫療照顧的關係，該片從人性尊嚴與生命價值的角度探討蘭嶼老人的現實處境，題材內容與畫面極具衝擊性與感染力。二〇〇七年第四屆「台灣國際民族誌影展」她又發表了《希・雅布書卡嫩》，同樣的題材，但跳脫可憐老人的制式想法，她學習到從蘭嶼人的角色與價值觀來看問題，體驗著老人舒適的生活形態，學習用老人的生活去體驗蘭嶼文化的價值內涵與生活美感。（引自曾宏民，二〇〇七）。

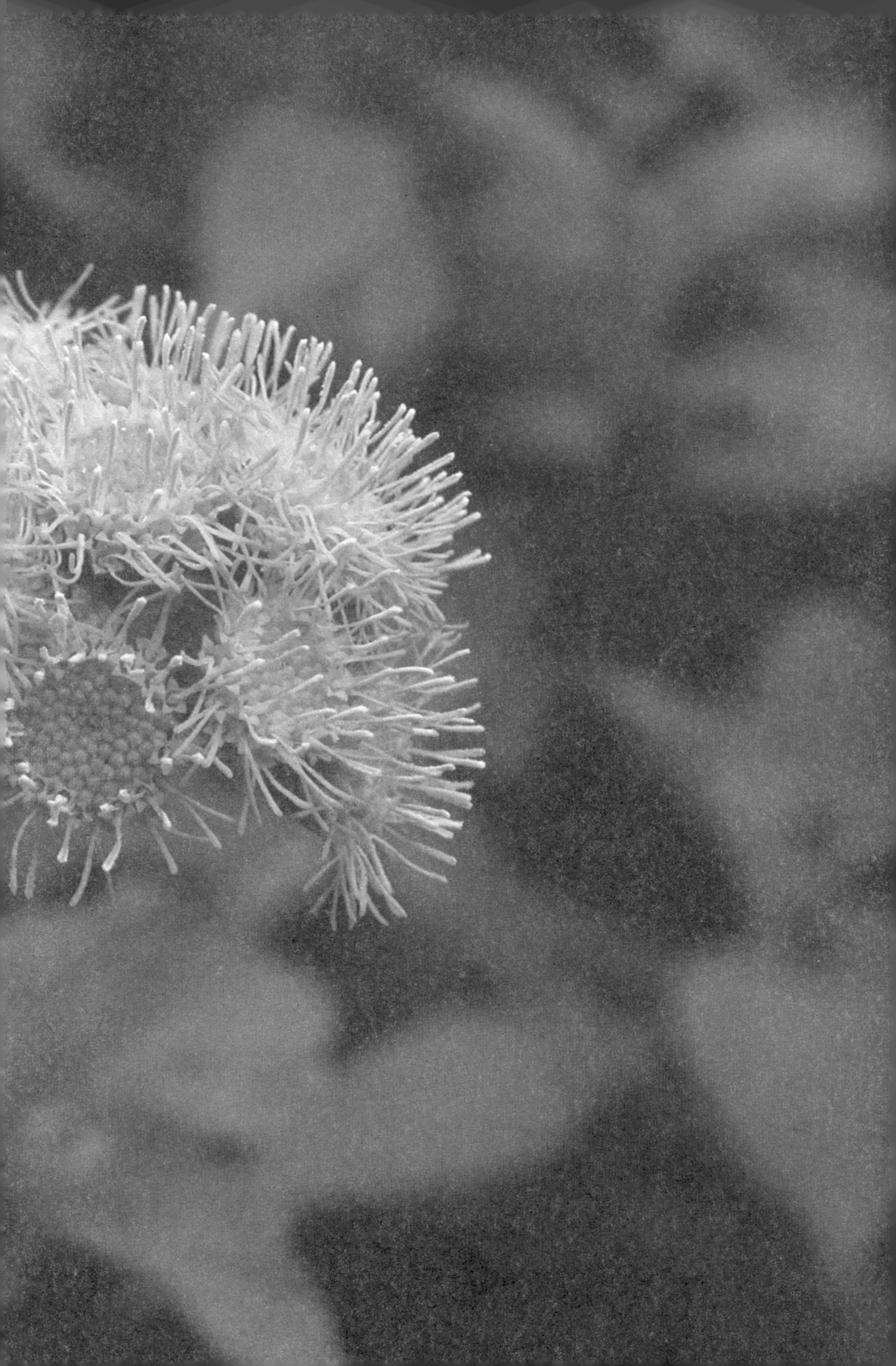

第二章

生命的歸零與重生

死亡不是難題，
死亡是值得學習的課題，
且蘊含了不可思議的力量。

重生不必等到下輩子

對許多人來說，這輩子活到現在多少會有懊悔遺憾，很多事想要重新再來，但卻沒有機會。有人會沮喪地說，「那就等到下輩子再重新開始吧！」其實，重生不必等到下輩子。例如，宗教徒透過受洗或是懺悔等宗教儀式，讓自己徹底告別過去，重生做人，這樣就不必等到下輩子了。甚至只要調整心態，隨時隨地都可以歸零，如此，就不必自我放棄似的講出「大不了一死，十八年後又是一條好漢」之類武俠片般的台詞。

只要能夠轉念，就能夠重生。有時候我們會用這樣的話來勸別人：「轉念就好了！」「要會想啦，就想開一點嘛！」但老實說，轉念也不是那麼簡單。有個患了憂鬱症的朋友告訴我：「很多人告訴我『就轉念就好了』，但我就是沒辦法啊！」沒錯，轉念是需要學習的。

一個上吊自殺者的見證

三年前，一個四月的午後，有位朋友帶著她三十歲的弟弟來互動。我看到他的第一眼，就覺得這個人氣色很差，我還注意到他脖子上有條暗紅色的線痕。他姊姊說，原來那是弟弟早上在公司的機房上吊自殺留下的印記。為什麼他要上吊？原來有太多的不如意，家中手足間的不和睦、事業沒有成就、工作環境看不到未來、和朋友合夥投資卻被騙走一大筆錢，還有汽車貸款的壓力……。就在他早上心情沮喪的時候，種種的鬱悶情緒像凶猛浪潮般一波波席捲而來，他無力招架。因為沒有力氣掙脫，也沒有正面取角的力量，於是理智被負面思緒給吞噬，他覺得此生已沒有意義，於是決定上吊自殺。當雙腳離地吊在空中，整個人的重量都交給脖子上的繩索，咽喉被勒住無法呼吸，正感覺生命就要結束時……突然繩子啪的斷了，整個人跌落下來，很快的被同事發現了，因而逃過死劫。

我看他表情凝重、鬱鬱寡歡，總不能在這時候跟他說「人生這麼美好，幹嘛想不開？」沒有用的安慰話就省了吧！我決定先幫他放鬆，就先從身體的放鬆開始，他的身體太僵硬了。我帶著他做三種功課，他可以在回去後持續練習。

首先，我帶他做舒展全身的俯拜伸展瑜珈，讓各個關節、肌肉放鬆伸展，解開全身的緊繃，並改善胸悶的問題。十五分鐘後，他說肩膀比較鬆了。接著，我帶他靜坐，好好的呼吸，教他從頭到腳將肌肉一塊一塊放鬆，然後帶著他數呼吸（數息）。做完之後，他說：「一開始我根本靜不下來，負面的念頭排山倒海而來，可是數息數到後面，已經可以稍微注意到數字，從一數到九了。」我稱讚他已經把注意力拉回來了，只要多加練習就會更有定力，不會被雜念帶著跑。第三個練習是行禪，配合呼吸來走路。順著吸氣的力量將腳向上提高，再順著呼氣的鬆落將腳慢慢落到大地上，同時將氣吐光；重心轉移後，再換另一隻腳。做完後，他說呼吸本來很短淺，現在變得比較深長了。我稱讚他有認真練習，因此非常進入狀況。我看他有運動後流汗的舒暢感，便俏皮地問：「你現在還想自殺嗎？」他搖著頭說：「不會了！」

當然在這期間我們還有許多互動，我了解到他有很多美好的特質：他心地非常善良，很願意幫助別人，不願給人添麻煩，即使被占了便宜也不會跟人計較……等，我對他這些特質表示欣賞與肯定，我也提醒他要多愛自己一點。

事隔三年，他進步很多。他說現在過得很有意義，目前在一家飯店的機房任職，同時利用時間進修讀書，並且被選為班代，為同學服務。他說看到自己近來在心靈上有很多的成長，很為自己的新生命高興。

本來要自殺的人，因為懂得放鬆的方法而讓身心有了正向能量，念頭一轉，注意力放到正確的方向，生命的開展就不一樣了。這個例子讓我看到，重生不用自殺，若能培養正向能量，就能轉負為正，走出一條向上向善的路來，過一陣子就又是一條好漢了。

不被記憶束縛

人們往往會被記憶所束縛，走不出來。能夠不被負面的記憶束縛，就是重生啦！老實說，每個人的記憶都是主觀的，而且大多被扭曲過。不堪回首的記憶，一想到就令人全身肌肉收縮，心裡充滿痛苦。於是有人就想把不好的記憶完全抹去，就像刪除電腦檔案一樣；又或者覺得過去的生命一團亂，希望人腦能像電腦一樣，可以改變時間設定，還原到從前，甚至希望整部電腦重灌。不過，現實裡我們很難憑空將記憶消除，而且光是刪掉檔案，是沒有用的。

你幾歲？年齡的「相」也是被記憶限制住了

就連我們對自己年齡的認知，其實也是被記憶所定義，是記憶將生命的時空鎖住了。我曾夢見回到小學校園找老師，並遇到很多小學與國中的同學；但在醒來的瞬間，忽然發現自己怎麼長這麼大了，有種不可思議的感覺。那種時間與空間的轉瞬變化，讓我感覺無常。當然，我是誰？我現在在哪裡？我多大年紀了？也都在醒來後，又被記憶重新定義了我所處的時空。

我觀察過老人家神采飛揚地話說當年時的神情。一位八十歲的老奶奶說：「我十八歲還在作小姐的時候，在市場遇到隔壁村的阿郎……」，或是我九十多歲的阿公說：「我在二十歲時，為了要救一個人，很多人圍過來要打我，我很鎮定地告訴他們……」，他們在述說時，往事清晰的畫面就在他們腦海上演，從他們的神情可以看出來，過去那個天真甜蜜的小女孩、那個血氣方剛的英勇少年，都穿越時空再度重現。不過，一回神，怎麼轉眼間就這麼老了。

我們可以好好地善用記憶，來更新生命。你能不能常常想起過去美好的記憶？如果能在心中儲藏很多讓你開心、有信心的記憶，那麼有一天碰到困難時，就從記憶庫中提取這些記憶，讓它們帶你跳脫當下的壞心情。小飛俠彼得潘就是一個能夠在心中保有快樂取相的童話人物，他在飛行時一定要有快樂的念頭，即使在被虎克船長那幫人追殺時，只要心裡有快樂的想法，就可以凌空飛去。相信很多人也曾有過這樣的經驗：處在低潮時，突然間升起了一個正向的念頭，整個身心頓時輕鬆起來。如果你還找不到快樂的想法，也可以請別人幫忙，例如，邀約三五好友相聚，笑談從前的美好時光，若好友們能肯定你擁有很好的人格與能力，稱讚你過去做了很棒的事，相信在聚會後你的心情會好很多！

記憶影響現在的心情，現在的心情影響如何看待記憶

如果完完全全失去記憶了，你是誰呢？以前的記憶消失了，但是整個官能

還能正常運作，那你到底是誰？你是不是由一堆記憶組成的呢？如果死過了，再來回看自己的生命，記憶會不會重新排列組合？如果心態變得正向陽光了，再來看同樣的一堆記憶資料，解釋可能會完全不一樣。

假設你把記憶都刪除掉，你不認識別人，也不認識自己，當你看到跟你結緣很深的家人，會有什麼感覺？很多轟動一時的電影、電視劇的劇情都跟記憶有關，例如韓國男星裴勇俊主演的「冬季戀歌」、日本男星渡邊謙主演的「明日的記憶」、李奧納多狄卡皮歐主演的「全面啟動」（Inception），還有台灣之前的電視劇「下一站幸福」，也是跟記憶有關。「下一站幸福」劇中的任律師跟媽媽有很多的衝突對立，他記得童年時媽媽對不起爸爸，逼著爸爸自殺，所以他一直討厭媽媽。可是他因腦瘤開刀後，過去的記憶都不見了，手術之後他跟媽媽的關係好轉。不久他因緣際會遇到了舊情人慕橙，他感覺慕橙似曾相識，也逐漸發展出不錯的關係。但當記憶慢慢恢復，他想起來過去是慕橙拋棄了他，而且當他被歹徒刺傷時，慕橙竟然見死不救乘車離去。過去的記憶回來了，但卻是被扭曲的記憶，他因此性格大變，再度跟媽媽對立，也對慕橙展開報復……。談到這裡，你是否發現，記憶左右了他的情緒，甚至性格！

每個人都有不愉快的記憶，所以我們都需要有正面對待過去的能力，否則痛苦的記憶會深深影響現在的心情。然而，該如何讓自己有能力正面對待過去？人類有一個很有趣的心理現象，就是現在的心情會影響我們如何看待自己的過去與未來。如果一個人現在心情開朗，他就容易想起過去快樂的記憶，對未來也會有信心；如果現在抑鬱悲傷，就容易連結過去沉重的記憶，對未來也會變得沒信心。所以，培養讓自己開心的方法以及保持正向喜樂的心，非常重要。

要先「不認識」才能「認識」

「我不認識你！你也不認識我！」這並不是意氣用事的對話，而是謙虛的內心對話：「我不了解你，但是我願意用一顆開放的心、完全不知道的心，重新來認識你。」這種謙虛的態度，是給自己，也是給對方一個重新開始的機會，意謂著我不願意再用成見、過去的業力與習氣去認識別人，包括認識自己。

在課堂中，我曾經問很多對夫妻檔學員一個問題：「你認識你的另一半嗎？」通常他們都會笑著說：「認識啊！」但當我繼續問：「你真的認識他嗎？你認識全部的他嗎？你知道他在想什麼嗎？」這時他們就會開始猶豫了，然後說不認識，就像俗語說的「睡破三件席，抓伊的心肝抓不到（台）」。當我們對一個人的認識變成了不開心的認識，那就是成見，會障礙我們重新認識對方。當我們願意用一顆開放的心，重新來認識對方時，即使是夫妻，我們都可以說：「我願意重新來認識你！」讓彼此都有重新做人的機會，這也會讓我們的心頭有種稍稍鬆開的感覺。要先「不認識」，才能「認識」，不認識才是認識的開始，記憶才可能重新組合，包括對往生者，也是如此。

以智者的心來認識

佛教用心「明」與「無明」來形容人心的狀態有沒有智慧，心如果有明朗、有正向、有智慧、有慈悲，煩惱就少；心沒有明，看得再多、聽得再多、記得再多，都可能變成麻煩的源頭，反而將自己綑綁得愈緊實，愈喘不過氣。有一個方式可以讓我們比較容易接近有智慧的心，就是想像如果我是一位智者，例如佛陀、是耶穌、是孔子……。他會怎麼看人，會怎麼處理問題，會怎麼說話，表情會是怎樣，說話的口氣是怎樣？如果不能確定，便要謙虛一點，多學習他們面對問題的反應。師法智者，讓我們可以很快地跳脫習慣性的反應與認識。

死過的人比沒死過的人有智慧

如果沒有熟悉的智者可以看齊，也可以向老人學習。相較於年輕人，老年人歷練了一生，見多識廣，經驗豐富，凝練出許多智慧。多親近老年人，也能從他們身上學習到人生的智慧。如果歷練多的人比較有智慧，那麼有死亡經驗的人是不是也比較有智慧呢？這點，在你我的身邊都可以發現類似的例子，像是親友在大病一場後，對人生有更深刻的體悟，更珍惜生命，更感恩自己所擁有的一切，甚至變得願意付出愛心。

坊間幾本訪談具有瀕死經驗的人的書籍中，說明了這些從鬼門關走一回的人的共通點，就是他們的人生觀都大為改變，且通常變為正向。所以，這裡提出一個假設：死過的人比從來沒有體驗過死的人還要有智慧，尤其是剛死過的人，因為久了很可能會健忘。

死過的人比較有智慧，因為他一定會想讓他生前的善念美願，完完全全地展現出來。如果是你死了又活過來，會做哪些事？二〇〇九年一月，一架全美航空班機遭到鳥擊，在紐約哈德遜灣緊急迫降，幸賴機長危機處理得宜，讓全數乘客倖免於難，不過，卻也讓所有人真切地體驗到死亡就在眼前。事後，乘客艾里亞斯（Ric Elias）在TED中的公開演講中，分享了他在墜機時學到的三件事。第一，他覺得當有好東西與人分享時，就要抓住機會，不要像過去輕易浪費，這種把握當下的迫切感，改變他一生；第二，他發現與人相處時，常在無關緊要的小事上耗費心神，他決定不要將力氣花在負面想法上，這兩年來從沒和太太吵過一次架就是最好的證明，因為他選擇快樂，而非強調自己是對的；最後，死亡幫助他看到他是多麼熱愛生命，而他一生努力的目標，就是要成為一個好爸爸。有過瀕死體驗的人，像經歷了神蹟又重回人間，如果沒有創傷後壓力症候群的心理問題，通常都會活得更有意義、更有深度，因為他帶回其他人所沒有的死亡體驗。

「死過的人比沒死過的人有智慧」，基於此理念，在我後面的課程，便規畫了不同形式的死亡體驗，從預定自己的末期醫療，書寫遺囑，體驗臨終前與親人的互動，經歷重病或意外的死亡，到親自參加自己的告別式，以及與往生者對話。一系列課程將帶領學員走過數次生生死死，目的是為了模擬死亡的體驗，從中鍛鍊出超然的智慧，創造出看待世界的全新角度，並以此開展新的生命。有位學員說，她雖經歷三位至親死去，但仍不了解死是什麼，但在經歷所有課程後，隨著淚水宣洩與心情翻攪，心境轉換了、昇華了、放下了，有了重新做人的感覺，並希望往後的生命過得更有意義，不要再有遺憾。她體悟到，死亡是值得學習的功課，且蘊含了不可思議的力量。

隨堂練習

一、請試著做以下練習：和某位關係不睦的親友碰面時，內心默唸「我願意重新認識你」，觀察自己的心境、言語有何改變。

二、挑一位你熟悉的智者做為模擬學習的對象，想像若他面臨你目前所遇到的難題，會以怎樣的眼神、言語、態度來處理困境？

第三章

好好學習死亡，才能活得灑脫自在

不管走到何處，
隨時猛然提醒自己，
現在準備好可以死了嗎？
真的能死而無憾嗎？
真的對得起世間嗎？
覺得自己活夠了嗎？
甘心了嗎？

愈常接觸死亡，對死亡的恐懼愈低

我長年直接或間接觀察工作上頻繁接觸死亡的人，例如醫護人員、葬儀社業者、殯儀館與火葬場的職員、驗屍的法醫及檢察官等，似乎可以得出一個推論：愈常有機會接近死亡的人，就愈不怕死！若從年齡上來看，活得愈老則經歷親友死亡就愈多，所以愈年長的人應當愈不怕死。西方有許多學者也同意這點，例如以死亡研究與悲傷療癒而著名的學者尼麥爾與摩爾（Neimeyer & Moore），在一九九四年的研究中，發現十八到九十二歲的成人中，對死亡的恐懼會隨著年齡增加而降低。研究人們面對死亡的態度的三位學者翁、雷克與蓋瑟（Wong, Reker & Gesser）在一九九四年的研究也一致發現，對死亡的恐懼確實會隨年齡而降低，同時對於死亡的接受度也會提高。尼麥爾和布魯恩特（Brunt）於一九九五年對各年齡層所做的死亡焦慮研究中，發現高齡者比中年人和年輕人較常想到死亡，但死亡焦慮卻較低。湯瑪與艾利森（Tomer & Eliason）於一九九六年的調查發現，高齡者若對過去的經歷較少遺憾、對未來的期望較少失落，並且對死亡的議題有深入的思考與接觸，則死亡焦慮較低。學者強森與巴雷（Johnson & Barer）在一九九七年的研究發現，八十五歲以上的老老人可不帶恐懼地接受死亡，因為對他們來說，死亡不再是遙遠的或抽象的東西。當然，也有研究結果持相反的態度，或認為死亡的恐懼與年齡無關。

我的家人在因緣際會下，自一九九九年開始經營禮儀社。禮儀社的從業人員經常往來醫院、火葬場、殯儀館、太平間與靈堂等處所，甚至必須直接面對遺體、碰觸遺體。我問他們會不會恐懼？他們都說不會，除了習以為常之外，他們覺得只要心念正直，恭敬地面對往生者，甚至將往生者當作自己親友來服務，就沒有什麼好懼怕的了。這些常接觸死亡並且看盡各種死相的人，似乎比常人更有機會練就無懼死亡的心。

死亡教育的緣起與必要

很多人怕看到有關死亡的符號，例如怕到醫院、怕進殯儀館、怕參加告別式、怕經過墓園，或是忌諱談到死亡的話題。一個人愈恐懼死亡、抗拒死亡、愈遠離死亡、愈不去碰觸死亡的議題，對死亡的恐懼與負面的想像將愈難消除。只要不願意去面對死、認識死、透視死、接受死，死亡就會變成緊箍咒，深深影響我們的生活。如果能循序漸進地學習面對死亡、談論死亡，或許對死亡的恐懼會慢慢從心中淡去。

國內許多研究也證實，接觸死亡的經驗與死亡教育大多能減少對死亡的恐懼，讓人產生正面的態度，或提高對死亡的接受度。例如，在家中談論死亡情形愈公開自然者，較不害怕死亡，也較能坦然面對；曾接觸重病者的大學生，其死亡恐懼比沒有接觸的學生低；有接觸意外死亡和接觸重病者的國小教師，其死亡焦慮比沒有此經驗的老師低；當然，曾接受死亡教育課程的人，對死亡較不會恐懼，對死亡的接受度會提高，這也是可以理解的。

美國在一九六〇年代就已開始死亡教育的相關研究，大多數研究結果都支持「死亡教育」可以改變人們對死亡的看法和態度，能降低對死亡的焦慮（Crase, 1988; de Monnink, 1990）。我國的死亡教育是從醫護人員開始的，一九七三年謝文斌將《論死亡與瀕死》（庫伯勒—羅絲，Kübler-Ross）譯介給國人後，醫護人員開始關注臨終病患的問題；一九七九年黃松元撰文介紹死亡教育，帶動了國人的死亡概念、死亡態度和死亡教育需求的研究，以及醫護界的安寧療護運動。一九九三年傅偉勳教授將美國死亡教育課程引進台灣，近十多年來大學也普遍開設死亡教育的相關課程。一九九六年張淑美整合國內外學者的定義，認為死亡教育是在探討死亡、瀕死與生命關係的歷程，能增進人們對生命意義的覺醒，並讓人們有機會檢視死亡的真實性，及其在人生中扮演的角色與重要性。在九二一地震之後，教育部於二〇〇〇年將「死亡教育」、「宗教教育」和「倫理教育」融合為「生命教育」課程的三大取向，配合九年一貫課程在中小學階段全面推動（張菀珍，二〇一〇）。同年，學者黃天中則提出，死亡教育增進學習者對死亡的認知，減低對死亡的恐懼，並運用於生活中，幫助學習者建立積極的人生觀，以擁有更具意義的生命。

不管是大學或中小學，都在推動死亡教育的課程，然而，成人的死亡教育呢？

教育部二〇〇一年「台灣地區生命教育人力資源及教學資源的建置計畫報告書」說，生死教育關懷的對象不單是學生，成人、銀髮族、重患病人之生死教育均迫切需要。只是，目前主要的研究重點仍放在學校生命教育人力與教學資源的建立。針對成人實施死亡教育的單位，除了部分社區大學、樂齡中心、樂齡大學、醫療的衛教單位，以及關懷此議題的文教機構與宗教團體之外，整體而言，台灣在成人的死亡教育的推廣及終身教育的規畫與努力，仍嫌不足。

死隨念：常常把死亡放在心上

在初期佛教的修行法門中，有所謂的十隨念，其中一個叫作「死隨念」，意思是隨時隨地都把死亡放在心上，甚至感覺到死亡就在呼吸間（註一）。很多人嚮往自在的人生，但若無法將死亡看開，也很難自在得起來。所以，本章的標題是將「死」跟「活得灑脫自在」連結在一起，如果能常把死亡放在心上，成為習慣之後，就能活得灑脫自在了。

不過一開始練習死隨念時，的確很難平心靜氣，想到自己死或家人死，還是會依依不捨、難過、沮喪，甚至驚恐。但請試著以正向思考的角度來練習、練習、再練習，就會感受到死隨念的許多好處。

會變的是正常，不變的是無常

世間中唯一不變的真理，就是「變」，亦即「無常」。撇開自殺式的死亡不談，死亡確實是很難預料，也很難左右的。我們無法說：「他是我心愛的兒子，我不准他死！」因為地震來了、山崩來了、車禍發生了，他就是走了，就連吃顆魚丸，也可能會噎死！當家人往生，我們常會忍不住說：「不可能，這絕對不可能，他不能死、也不應該死！」但這種抗拒無常的反應，只會苦上加苦，無助於我們接受死亡的事實。死亡已經發生了，不得不接受，不接受的話，只有加倍受苦。聽起來很殘忍，但確實如此。

怎麼辦呢？學會接受吧！

「接受死亡」是一種能力，是一種心量，也是一種智慧，可以透過學習而獲得。隨時將死亡放在心上，是一個很好的下手處。即使我們不願想到死，但在這世界上，確實天天都有人死。有聚就有散，有來就有去，有生就有死，這是自然的生命現象。如果把全世界的人都當作自己的親戚朋友，又假設我們能接收到全世界老病死的訊息，那麼你每一秒都會接到全球的親友們正在老、正在病、正在死的通知。如此一想，就會驚覺老病死是再平常不過的事。今天有沒有家人死？有啊！凍死的、氣死的、意外死的、病死的、淹死的、電死的、睡死的、燒死的、被槍殺死的，還有笑死的、爽死的……。所以，你的親人還健在是「無常」，也就是說不確定明天他們是否還活著；親人離世了是「正常」，因為死亡本來就是很正常的事。因此，以平常心看待死亡，把意外死亡、天災人禍放在心上，就不會覺得意外是不平常、不應該的！

世間有數——沒有不該發生的天災人禍

根據數據統計顯示，死亡的發生自有定數，生命的脆弱，無法逃避。二〇一三年六月衛生署公佈二〇一二年的死亡統計結果，其中死亡人數共十五萬三千多人，惡性腫瘤占百分之二十八點四，心臟疾病占百分之十一點一，腦血管疾病占百分之七點二，亦即去年因癌症與心血管疾病致死的人數就占將近一半。隨著人口老化，六十五歲以上老年人口在死亡人數所占的比率越來越高，二〇一二年已經到達百分之六十八點八。國人男性的平均壽命為七十六點二歲，女性為八十三歲，平均壽命則為七十九點五歲（參考衛生福利部，二〇一三。一〇一年國人主要死因統計結果）。更多的死亡時鐘如下：

國人平均每天都有四二一人死亡，
每天有一二〇人死於癌症，
每天有四十七人死於心臟疾病，
每天有三十人死於腦血管疾病，
每天有十九人因意外事故死亡；

每三分二十五秒就有一人死亡，

每十二分二秒就有一人死於癌症，

每三十分四十一秒就有一人死於心臟疾病，

每四十七分三十一秒就有一人死於腦血管疾病。

每一小時十六分八秒就有一人因意外事故死亡。

死亡隨時都在發生，在台灣就如上列數字，而且這些數據在前後幾年都不會有太大改變，台語叫「世間有數」。依衛生福利部國民健康署於二〇一三年六月公布二〇一二年癌症登記資料顯示，國人有四三六六五人因癌症死亡，前十名分別為肺癌、肝癌、直腸癌、乳癌、口腔癌、胃癌、攝護腺癌、胰臟癌、食道癌、子宮頸癌。二〇一二年國人癌症死亡平均年齡為六七點七歲，愈老罹癌的機率愈高，不過癌症也有年輕化的現象。就癌症發生年齡中位數，男性為六十九歲、女性為七十歲。如果以〇至七十四歲來計算一生得到癌症的累積風險，男女合計來看，我國每四人有一人罹癌，與英國、韓國相同，但高於新加坡及日本的每五人有一人，而低於美國的每三人有一人。至於統計罹癌死亡風險，每八名國人，有一人死於癌症。推算二〇〇九年每六分兩秒有一人罹癌，比起前一年快了三十三秒，顯示癌症對國人健康威脅增加。

「我國每四個人就有一人得到癌症」，光看這樣的文字描述，沒什麼感覺，但若換個說法：你家有四個人，就有一個人得癌症，你要誰得？如果有八個人，就有兩個人得，你要誰得？平常我們面對統計數字時不會想得如此切身，而且還會希望別人家得癌症就好，我家的那份就讓給隔壁好了，不要輪到我家。就算心裡沒這麼想，也難免覺得不該是我得癌症吧，平常我勤做運動，定期健康檢查、飲食注意養生，而且我這麼年輕，怎麼可能得癌症？雖說愈老罹癌機率愈高，但其實年輕的癌症病患也在增加中。

在教學時，我常運用以下的方法讓學員體會死亡的無所不在。如果以一班三十人來換算上列數字，也就是說，統計顯示每三分二十七秒就會有一個人死亡，上課六十分鐘之後，這班應該有十七個人往生，誰要先走呢？就從右手邊開始先死吧！再從另一個死亡統計來看，國人一生的罹癌風險每四人就有一個人罹患癌症，我問同學們：「你要得什麼癌？」學員依個人的想像說道：「我得乳癌」、「我得子宮頸癌」、「我長年煮飯，應該得肺癌」、「我喜歡吃肉，還有炸的，我應該得大腸癌」、「那我得肝癌然後擴散又得肺癌」哇，大家還真敢說耶！不管你接不接受，數字會說話，以上的死亡數據明白表示死亡隨時都在我們身邊，絕對不是遙遠的事。

你說「這樣好不吉祥喔！」其實我談這些，是告訴大家，要放開心胸去面對，因為實際的數據顯示，死亡與癌症發生的機率實在太高了，不要以為那是未來的事、別人家的事。如果你的家人就在你上課的同時，就在你閱讀本書的同時，一個一個走了，你會不會很不捨，覺得還沒準備好？如果會，那就要早點學好接受死亡的能力，或者想想是否該寫遺囑交代一下才好（註二）。

普賢菩薩警眾偈

是日已過，命亦隨減，如少水魚，斯有何樂？
大眾當勤精進，如救頭燃，但念無常，慎勿放逸。

德國哲學家海德格（Martin Heidegger）在其名著《存在與時間》（*Being and*

Time）一書中提出：「人是一種向死的存在。」這句話言簡意賅地說明了人的生命必然邁向死亡，而普賢菩薩警眾偈也是這樣警醒世人。這偈語以生動的比喻來說明生命的無常：今天已經過去了，我的生命也減少了一天，生命在可預期的將來即將結束；就像池中的魚兒，當牠知道池水即將乾涸，請問魚兒還有什麼好開心的呢？如果你是池中的魚，你還會繼續享樂而不思考生死大事嗎？你還會繼續過著沒有意義的日子嗎？大家要好好地精進用功，這緊迫性就彷彿你的頭被火燒了起來一樣，要趕緊滅火啊！人們用成語「燃眉之急」來表示事情迫在眉睫，但這裡的比喻可不只是燃眉，而是整個頭都要被火吞噬了，還能不趕緊滅火，還能不趕緊面對死亡的問題？

隨時想到死

死隨念就是隨時隨地想到死，明白隨時都會死，都有可能死，離死亡只有一線之隔。不管走到何處，隨時猛然提醒自己，現在準備好可以死了嗎？真的能死而無憾嗎？真的對得起世間嗎？覺得自己活得已經夠了嗎？甘心了嗎？

大學時讀到普賢菩薩警眾偈、不淨觀與死隨念的修法，便興起要好好鍛鍊的決心。從哪裡開始比較好呢？我就從想像自己的各種死法開始：騎車時看到車禍，一位亡者躺在地上，我想像那個人就是我。接著我把這樣的想像延伸到生活中，走在路上被車撞死，睡覺時發生地震被斷裂的樑柱壓死，在餐廳吃飯時發生火災被燒死，在河邊玩水時被淹死，使用電器時被電死。就像二十年前的電影「今天暫時停止」（Groundhog Day）的劇情，男主角菲爾奉命到小鎮採訪土撥鼠節，卻無法擺脫每日醒來都是二月二日的命運，沮喪至極，於是開始嘗試各種死法。我也很落實地去想像各種死法，然後自問：我能接受現在死嗎？我準備好了嗎？我有沒有遺憾？我能放下嗎？我對得起身邊的人嗎？就這樣練習了兩年多，我發現真的比較不怕死了，而且有隨時準備好的坦蕩。後來發現，白天這樣練習，晚上也會出現類似的夢境：夢到在地震中房屋倒塌被壓死，我可以雙手一攤很放鬆地接受；在高山上被人推下懸崖，在掉落的過程可以回到呼吸，全身放鬆等待死亡；有人拿一把刀從我肚子捅下去又劃開，我欣然接受這一刻，並告訴他：我知道你有不得已的苦衷……。我在夢中的反應，從原先的恐懼緊繃，慢慢地變為放鬆、接受了。從個人的練習經驗中，我感受到隨時將死亡放在心上，確實讓我不論是在醒時或夢時都更自在。當然，這是我個人的心得，不見得每個人都適用，但是不管如何，偶而想像一下死亡，應該能讓我們對生命有新的反思與啟發。

蘋果電腦創辦人賈伯斯（Steve Jobs）就是一個死隨念的實踐者。賈伯斯在二〇〇五年於史丹佛大學對畢業生發表演說時，談到他對死亡的看法：

沒人躲得過，這是注定的，因為死亡極可能是生命最棒的發明。死亡是生命交替的媒介，送走老人們，給新生代開出道路。……當我十七歲時，我讀到一則格言，好像是「把每一天都當成生命中的最後一天，你就會輕鬆自在。」這對我影響深遠，在過去三十三年裡，我每天早上都會照鏡子，自問：「如果今天是此生最後一天，我今天要做些什麼？」提醒自己快死了，是我在人生中面臨重大決定時，所用過最重要的方法。因為幾乎每件事，所有外界期望、所有的名聲、所有對困窘或失敗的恐懼，在面對死亡時，都消失了，只有最真實重要的東西才會留下。提醒自己快死了，是我所知避免掉入害怕失去的陷阱裡的最好方法。人生不帶來、死不帶去，沒理由不能順心而為。

死隨念的好處

一、停下衝動，收攝身心

死隨念會幫助我們踩煞車。每次我趕時間總忍不住開快車，但又想到開這麼快萬一不慎出車禍，將造成自己或別人的死亡；這個相升起時，內心的衝動就會停下來，踩住油門的腳也跟著鬆開了。居安思危的意思就是，不僅在痛苦的時候才想到死，在快樂的時候也要想到死，想到死就會起收攝的作用。例如，在家人生日聚會時也可以做死隨念的練習。雖然慶生是感恩、歡樂的場合，但一想到這就是他最後一次的慶生，我以後再也看不到這位親愛的家人時，內心頓感收縮，然而這收縮會轉為收攝，收到內心深處、真心處，然後再從深處開始向外發散，於是就會發心想和家人有更溫暖的互動，連眼神也會不同，會變得更柔軟，更有情。

二、留下美好的關係

死隨念練習的對象，可以是自己，也可以是他人。死隨念對人與人之間的關係，有什麼好處呢？當你想像這次見面之後不久，你就死了，再也見不到他，會讓你珍惜這次的互動，會希望結善緣，不要結惡緣，甚至希望能即時表達對他的感謝與愛，或是內心的愧疚。

不管是你死或是我亡，將每次的互動都當作是最後一次，必會讓我們更珍惜每一次的相聚，並注意自己的表現。我們不會希望知道對方死了，才懊惱地說：「我有好多話想要跟他說，但一切都來不及了！」「如果我知道那是和他最後一次碰面，一定不會對他說那些話！」

用死隨念的心情來迎接每次的人際互動，會讓我們更願意說出真心話，表現出善意，在彼此內心留下美好的回憶。這樣的死隨念會讓我們想活出最真、最善與最美的生命。而當一個人可以如此活著時，他就更不怕死了，因為他活得很圓滿，沒有遺憾。

三、做好時間管理

死隨念有提醒、振奮的好處，讓人們更注意時間管理，減少拖泥帶水、懈怠延宕的習性。想到自己快死了，時間不多了，就會好好把握時間，把該做的事盡快完成。若抱著明日復明日，明日何其多的心態，就會覺得所有該做的事以後還有時間做，該說的話可以以後再說，不急於現在。但當想到今天是我最後一天，就會立刻振奮起來，希望好好地過這一天，把握每一分每一秒，不會再百無聊賴，不會只想窩在沙發裡看電視，不會只想漫無目的地上網閒聊、打電動。死隨念會讓我們重新排列生活中事物的優先順序，清楚地看到什麼才是最重要的，而且充滿實踐的動力。因此，死隨念幫助我們減去很多煩惱、掛礙和後悔。從這個角度來看，死隨念絕非消極的厭世想法，而是積極地管理生命、管理時間的態度。

四、沒有忌諱，心開了

對死如果有忌諱，心就很難打開，但若願意勇敢面對死亡，心就開了。

我小學五年級時，曾出現過疑似強迫性精神官能症的症狀。當時父母親常不在家，我每天提心吊膽，總是擔心他們會在外面出車禍、發生意外。就算父母都回來了，我半夜躺在床上，心中的不安仍無法驅散，便開始擔心家中瓦斯是否關好了，漸漸地養成反覆起床檢查瓦斯開關的習慣。每晚我都要檢查瓦斯好幾遍，明明才關好了回到床上，卻又不確定是否關緊了，便再起來檢查一次，一而再再而三地確認，總擔心若沒關好瓦斯會爆炸，屋內的人都會死掉。後來症狀加劇，摸門的手把要摸好幾下，洗手要洗好幾次，心中有個忌諱，擔心若沒做到這些次數，父母親就會死掉。這些詛咒不斷在腦海旋繞，將我的身心牢牢地綑綁。後來我才發現，原來是我很怕死，尤其怕家人死，死亡對童年的我是難以承受的。如此痛苦地過了一年，我終於想到一個反制的辦法，那就是反詛咒。例如心中升起必須多摸幾次手把否則爸媽會死掉的念頭時，就趕緊反制提念說：「如果我再摸的話，爸媽就會死掉！」我願冒這個險，因為我受不了了，我透過不順服雜念來克制強迫性的行為。一次又一次戰勝之後，我慢慢變得勇敢，過了約兩個月，症狀就消失了。

這個經驗，讓我看到面對自己所忌諱的死亡時，愈是怕它，就愈會被它控制；愈是正面迎上去，愈有機會超越它。社區大學為期十八週的生死教育課程，是密集且有系統地讓學員面對死、談論死、想像死以及體驗死。愈是去面對，心頭的枷鎖就愈能鬆解，心胸就會愈加開闊。逐漸地，便可破除原先對死亡的想像，看清楚死亡的形象，並且知道如何為死亡做準備。多數學員在課程後半段會覺得自己變得勇敢，而且不怕死了。

學員分享死隨念的好處

死隨念還有什麼好處呢？我請學員回家練習一個禮拜之後，再回來分享。

其中一位學員是這麼說的：

這個禮拜我有認真做死隨念的功課，就像老師說的，死隨念有提醒振奮的作用。因為只要一起床，想到：今天是我的最後一天，要怎麼好好地過這一天？我的心就會變得莊嚴、認真，然後很慎重地想要好好過這一天。當我這麼想，我的心便活在當下了。當然老師說過：「人心是健忘的」，所以我還是會帶著原本的習氣，但它對我來講真的有提醒的功效，當我又健忘了，就會猛然地想到今天是我的最後一天。

比如有一個同事平常對我不好，這禮拜有一天我進電梯時遇見那同事，她一看見我，就趕快把臉面向按鈕，不想看到我。那時我內心沒有任何排斥跟難過，因為她不了解我，她看到我就已經做了很多判斷，才會這樣對我。我告訴自己：「我願意好好待人，就算她不理我，我也願意在我的內心對她好。」還有，在跟另一位同事說話時，本來內心有氣要發出來，但我立刻提醒自己「今天是我的最後一天」，我會希望自己有比較成熟的表達，所以就先肯定她的善意，再跟她好好談。這個禮拜因為常常這樣提醒自己，比較懂得「生命有意義」是什麼樣的感覺。死隨念對我真的有很大的幫助，少掉很多在衝動下所做的錯事，也少掉很多後悔。

從學員的分享，足以證明直接面對死亡，反而能讓生命過得更有意義。一如暢銷書《最後十四堂星期二的課》的名言：「學會死亡，就學會活著」。

隨堂練習

一、如果你的生命只剩下三個月，有什麼事是你想立刻去做的？有哪些事是以前想做卻沒時間做，又有哪些事是不做會遺憾的？請認真想想，列出最想做的十件事。

二、如果明天即將往生，你準備好去面對了嗎？已經準備好了的話，理由是什麼？若還沒，原因又是什麼？

三、請在這個禮拜挑一天做「死隨念」的練習，想像這一天就是你的最後一天，用這樣的心情來過這一天。

註一、《大正藏》《增一阿含經》第二冊，頁七四一：「若比丘思惟死想，繫意在前，心不移動，念出入息往還之數，於其中間思惟七覺意，則於如來法多所饒益。所以然者，一切諸行皆空、皆寂；起者、滅者皆是幻化，無有真實。是故，比丘！當於出入息中思惟死想，便脫生、老、病、死、愁、憂、苦、惱。如是，比丘！當知做如是學！」經文明白指出思惟死想，能超脫生死苦惱。

註二、書寫「生前預囑」是生死教育課程中一項重要的功課。在書寫的當下，通常會迫使人們認真思考自己要死亡的這件事，而且也有助於開啟自己和家人談論死亡的議題。其實，預立遺囑可以大大減少麻煩與紛爭，因很多家屬的爭執是來自於當病患昏迷無法表達意願時，該不該急救，以及往生後家屬處理喪葬儀式的意見不同，或是遺產分配不清。中國人的態度是亡者為大，通常亡者若已有交代，在生的親人大都會尊重亡者，這也就是為何當家屬遇到往者沒有交代時，還會透過擲筊的方式來向亡者請問的原因。

第四章

守護自己的善終權

「善終」不僅是末期病人的期待，也是一般人對死亡的期待。但目前醫療環境仍存在善終障礙，我們該如何守護自己的善終權？

許多人在接受死亡教育的課程後，對死亡的恐懼降低很多，甚至說我不怕死了。不過，是不是這樣就真正灑脫自在了？其實，還有比死亡更令人畏懼的，那就是死前折磨身心的痛苦。學者強森與巴雷（Johnson & Barer）在一九九七年針對八十五歲以上的老老人的研究發現，他們恐懼的不是死亡本身，而是瀕死過程與孤獨死去，尤其是患有慢性疾病而長期住在護理之家的老老人。對老老人來說，死亡並不陌生，他們在日常生活中常會想到死亡，甚至覺得自己已經準備好死亡，而且心懷平靜。研究指出，老老人對死亡的恐懼雖會隨著年齡增長而降低，但對瀕死過程的恐懼，卻是增加的（Victor G. Cicirelli, 2000）。

對善終的期待

國內許多學者研究發現，國人對死亡的期待是「善終」，善終的內涵大致可分為「身體」、「心理」、「社會」與「靈性」四方面（陳錫琦、陳淑香，二〇〇七）。

我曾訪談二十多位四十五歲以上的中高齡者，發現他們對善終的概念大多有共同的期待，也很符合學者的研究：在身體方面，希望不會遭到意外橫禍、萬一不行了不要插管急救、不要拖、希望是瞬間死亡、不要被痛折磨、最好是在夢中睡死了；在心理方面，期望能安詳地離開人世、在夢想完成後死去、在責任結束後死去、心中沒有遺憾；在社會方面，希望能解除人際關係的恩怨、能交代好後事才離開、能在親人的陪伴下往生、能在家往生；在靈性方面，希望自己這一生是有價值的、有意義的、有貢獻的、希望往生後能到淨土或天國。

至於，哪裡是他們臨終時的理想處所？多數人還是希望在家裡或安寧病房。「家，對臨終者而言，是最熟悉的地方，也是心靈與情感的歸屬。病患可以在家人充滿愛的陪伴下，做自己想做的事，想哭就哭、自行安排時間，親友也可以就近探視，不用照醫院的規定去作。只要有適當的支持，家裡通常能提供臨終者最平靜的死亡環境。其實多數人都有能力在家照顧臨終病患直到往生，例如透過安寧療護提供的居家安寧服務，就可以在專業人員的協助下，獲得臨終的照顧或諮詢」（陳宗武、王春雅，二〇一〇）。不過，住在大樓的民眾，則會顧慮到在家往生會有遺體搬運的不便，以及靈堂或告別式會對鄰居造成干擾，所以寧願選擇在醫院往生。

雖然很多人心中對自己的善終有一份期待，但老實說，多數人並未對自己未來的善終預作準備。多半是在親人已病入膏肓或已斷氣時，家族成員才被迫談論死亡的議題，心慌意亂地處理。因為，如何善終與面對死亡，仍然不是一般家庭自然會談論的話題。

恐懼臨終前的折磨

現代人格外恐懼在臨終前遭受病痛和孤寂折磨，這可能與醫療科技發達有關。過去的農業時代，醫藥不發達且多數人沒錢就醫，生病時往往靠民間療法醫治，臨終者大多死於家中，且有家人陪伴在側。反觀現在，除了因為意外事件造成的立即死亡，大多數人生病後可以透過藥物、儀器來維持一段生命，甚至拖延很長時間。即使人們的壽命在醫療科技的輔助下延長了，但生活品質卻不見得好。

此外，癌症末期病人的生命退場時間是可預知的，但許多癌末病人在臨終前，也無法安然地在家舒適往生。二〇一〇年，國民健康局委託學者分析二〇〇〇年至二〇〇六年二十四萬餘名癌症死亡的病人臨終前使用醫療資源的情形，發現這六年來，癌症病人在死亡前一個月內使用急診的比率，從二〇〇〇年的十五．七％增加為二〇〇六年的二十一％，而加護病房的使用率則從二〇〇〇年的十％增加至二〇〇六年的十二．四％。這意味著六年來，癌末病人在臨終前受到更多的急救與醫療措施，而這多半不會使他們善終的機會升高，反而是降低。

善終的障礙

近年來我國有數本安寧敘事醫學（narrative medicine）的著作出版，如《安寧伴行》（趙可式／天下文化）與《生死迷藏》、《夕陽山外山》（黃勝堅／大塊文化）等。敘事醫學的著作是由醫護工作者描述對醫療現場的第一手觀察、發現與反思，有助於培養醫療人員的同理心及提升臨床情境的理解能力；對一般讀者來說，則有助於了解平時無法接觸的醫療情境，尤其是善終的障礙。接下來，我依上述三本書的要旨，說明在國內醫療環境下的善終障礙：

一、對末期病人施以CPR可能造成臨終前的痛苦

CPR（心肺復甦術）是專門用來搶救因意外事故而失去生命徵象的病人的措施。但若對末期病人也施予CPR，過程中插管、電擊、心臟按壓、注射藥物等處置，都極可能造成末期病人身體的痛苦，甚至導致肋骨斷裂、內臟破裂、牙齒脫落、大量流血等。在家屬企求一絲希望與奇蹟的心理下，醫師本著救人職志、與死神奮戰到底的信念，利用現代化醫院的藥物與醫療儀器，從強心劑、人工呼吸器到體外維生系統（即葉克膜〔ECMO〕），雖可以延長病人的生命跡象，但最

後卻可能令臨終病人痛苦地死去，並令家屬事後懊悔、遺憾不已。

二、對「放棄急救」的誤解

DNR（do not resuscitate）除了譯為「不施行心肺復甦術」，亦常有人譯為「放棄急救」，但這詞彙易被誤解。例如當末期病人的病況危急，醫師問家屬：「要不要急救？」「要不要插管？」「要不要簽DNR？」時，有的家屬誤以為簽了DNR就是「放棄親人，見死不救」，感覺很不孝，部分家屬甚至因為不想背負不孝罪名、不願被親友責怪，而要求醫師急救到底。能救當然要救，但若已經是治療無效的疾病，不救治並非放棄病人，而是讓生命自然地走向終點，不讓病人再遭受無意義的痛苦。

三、加護病房裡末期病人缺少家屬的陪伴與互動

醫院基於感染控制原則，會限制進入加護病房的人數，也會限制探病的時間，通常探病次數是一天二或三次，一次三十分鐘，每次只限兩人。可以想見，加護病房中的末期病人身上往往插著十來根管子，不但各種維生措施讓身體不

適，再加上環繞身旁的不是家人而是護士和各種冰冷儀器，這種孤獨感讓病人心靈倍感寂寞；即使病人想對來訪的家人交代些什麼，卻因口裡插著管子而無法訴說，那種連最後一句話都無法表達的無奈，真叫人情何以堪。最後，病人很可能在家屬來不及探望與陪伴的情況下，獨自離世，令家屬徒留遺憾。

四、病人、家屬與醫師不願放手

造成國人善終的障礙的原因，是病人、家屬以及醫師三方尚未準備好面對死亡，其中又以後兩者比較常見。家屬不願面對或不捨病人往生，即使明知治療無效，仍要求醫師盡力搶救；而醫師無法接受救人失敗，或不敢向家屬告知病人會死，只好依照醫療常規將病人救到不能救為止。以上三者相互影響，只要一方不願放手，就很難啟動生命末期的議題討論。

兩個重要概念

為了避免過度使用醫療科技所造成的傷害，有兩個概念大家一定要知道，那就是DNR與安寧療護。國內外研究指出，簽署了DNR與接受安寧緩和治療的民眾，比沒有簽署DNR與接受安寧的民眾，在身心靈上確實能更舒適、更有尊嚴地走向終點（註一）。DNR與安寧療護都有助於末期病人的善終，簡單說，DNR是拒絕不必要急救的拒絕權，而安寧療護則是幫助病患舒適有尊嚴地直達善終，並且讓生死兩相安。

什麼是DNR

要了解DNR（不施行心肺復甦術），先要知道什麼是CPR（心肺復甦術〔cardiopulmonary resuscitation〕）。一如前文所提，從一九六〇年開始，CPR就被全世界醫療機構公認為標準作業流程，專門用來搶救因意外事故，如電擊、溺水、觸電、中風、車禍、中毒、心臟突發事故而失去生命徵象的病患。通常發生事故時，一般人第一個想法就是盡快把傷者送到醫院，殊不知人的大腦如果缺氧，在四至六分鐘後即失去功能；而送醫的過程常常超過這個時間，故送醫前若能對心跳與呼吸停止的病人給予CPR，病人的救活率就會提高。但若將之施予在臨終病人身上，會造成什麼後果呢？臨床的真相是，可以拯救意外傷者的CPR，往往救不活臨終病人，即使救活了，也只能拖延一些時間，但這過程卻讓臨終者備受折磨。

學員小芳在上了DNR課程後，下課時向我提到埋藏心底多年不曾對人說出口的痛苦回憶。她說：「七年前媽媽因為腎臟病末期住進醫院，我在家裡接到醫院打來的病危通知後，就匆忙趕到醫院。我看到兩位醫生剛對媽媽急救完，媽媽因為胸口被電擊，衣服是打開的，我看到媽媽的脖子、臉上都是血，那種慘狀，我當場崩潰，媽媽走得好悽慘，醫生怎麼可以這樣對一個病人。七年來我一想到就好痛，不知媽媽會不會很恨我。」這不是特例，很多病人在急救中痛苦不堪地死去，在醫院時有所聞。但既然事情已經發生了，就要正向面對。我告訴她：「媽媽的苦已經過去了，她已經不在那個受苦的時空了，她已經在另一個世界重生了，不要自責，相信媽媽也不希望妳這樣自責。不過，有了這樣的經驗，有機會妳會不會想跟更多人分享簽署DNR的重要？」後來她真的鼓起勇氣，在班上和同學分享這椎心之痛的經驗。

類似的例子實在不勝枚舉。最近，有位學員在課堂上分享她媽媽臨終時被急救的情形。媽媽是癌症末期病人，醫師問家屬要不要救，他們回答「要救」，但萬萬沒想到接下來的景象，不是他們能夠承受的。通常醫師不會讓家屬看到急救的過程，不過這次，家屬們就站在隔著兩道玻璃窗的地方，全程看著媽媽被急救。氣管內插管、心臟按壓、電擊、注射藥物全上了，鮮血從她口中冒出，就這樣急救三十分鐘，所有的家屬都看傻了，然後全都跪下來，敲打著玻璃窗喊著「不要救了、拜託，不要救了」。這件事對所有的家屬都是揮不去的陰影。

DNR只適用於末期病人

「安寧緩和醫療條例」的立法，是承認末期病人對於CPR的拒絕醫療權（翁益強，二〇一一），這是病人自主權的一大突破。DNR的適用對象限定「末期病人」，即「罹患嚴重傷病，經醫師診斷認為不可治癒，且有醫學上之證據，近期內病程進行至死亡已不可避免者」，當符合上述條件，則醫師不對這樣的病人施行心肺復甦術。看起來是放棄急救，但事實上是就算急救也無法使病況好轉，所以才要「拒絕」過度醫療。從積極面來說，這是為了讓病人在臨終路上能身心安適，獲得「善終」，所以不進行傷害性與無謂的急救。安寧療護強調：在病人還活著的時候就應該解除痛苦；這不僅是讓病人能善終，也希望在生的家屬不要因病人的不善終而心生悔恨、愧疚。

學員徐大哥在課後的訪談中，分享他父親臨終的例子。他的分享說明了能讓父親善終能帶給他安心：

八十幾歲的爸爸第一次被送到醫院時是住進加護病房，身上插了各種管子。後來我們家屬進去探望時，看到爸爸被五花大綁，原來是爸爸覺得很不舒服，會用手扯掉管子，所以手腳都被綁起來。我們兄弟姊妹看到後，感覺那樣很沒有尊嚴，而且很痛苦，只是在延長爸爸的痛苦，沒有一點意義，如果是我自己被這樣對待，真的會感覺是被人捉弄（台語）。後來病況好一點後出院了，爸爸告訴我們以後不要急救了。不久，爸爸又住院，哥哥和我都同意不要急救了，於是爸爸就在那天晚上安詳地走了。經過這次認識DNR的課程，給我信心證明這樣做是對的，而我將來也是要這樣處理。

五種文件

依「安寧緩和醫療條例」與衛生福利部二〇一三年公告的新式表格，關於

DNR具有法律效力的文件，共有五種：

1.預立安寧緩和醫療暨維生醫療抉擇意願書：即不施行心肺復甦術意願書。對臨終、瀕死或無生命徵象之病人，不施予氣管內插管、體外心臟按壓、急救藥物注射、心臟電擊、心臟人工調頻、人工呼吸等標準急救程序或其他緊急救治行為。年滿二十歲，並具行為能力者可事先簽署，本書簡稱為「DNR意願書」。

2.撤回預立安寧緩和醫療暨維生醫療抉擇意願聲明書：雖已簽署了「DNR意願書」且登錄進健保卡，但若立書人反悔了，也可以撤除，只要另外簽署此聲明書。

3.醫療委任代理人委任書：委託一位明白其臨終醫療意願且值得信任的人，當個人罹患嚴重傷病，經醫師診斷認為不可治癒，且個人無法表達意願時，委任代理人可以代為簽署DNR意願書或「選擇安寧緩和醫療意願書」。在法律上，代理人所做的醫療決定視同病人本人的意志，因此若要撤除末期病人身上的維生措施，如已插上的氣管內管，也是合法的。

4.不施行心肺復甦術同意書：病人昏迷或不能清楚表達意願時，醫師會問家屬要不要對病患急救，若要放棄急救則由最近親屬簽署，本書簡稱為「DNR同意書」。過去在醫院簽署的絕大部分是「同意書」而非「意願書」，不過愈來愈多的家屬願意參與自身醫療的決策，只要給他們了解的機會，他們甚至願意簽下自己的DNR意願書。

5.不施行維生醫療同意書：指末期病人不施行用以維持生命徵象及延長其瀕死過程的醫療措施。

上述前三款表格，是由年滿二十歲以上，並具行為能力的成人可依其意願事先簽署的；而後兩款「不施行心肺復甦術同意書」與「不施行維生醫療同意書」，是病人面臨疾病末期且無法表達意願的狀態時，由家屬簽署。DNR意願書雖對末期病人的臨終品質能提供較好保障，不過，根據衛生福利部統計，我國成年人簽署DNR意願書並且成功載入健保卡的人數，截至二〇一四年一月人數已有二十萬三千人，扣除二十歲以下的未成年人，占總人口約一％，這意味著仍然有待推廣。

簽DNR意願書會影響自己被急救的權利嗎？

國內自二〇〇六年開始，開放民眾將安寧緩和醫療意願註記在健保IC卡（註二）中，只是法律還沒賦予效力。到了二〇一一年一月修法後，規定主管機關應將民眾安寧緩和醫療的意願註記在健保IC卡上，此註記的效力與DNR意願書正本相同。這樣可免去民眾得隨身攜帶DNR紙本意願書的麻煩，也讓醫療院所在最短時間可以得知病人的意願。簽署DNR意願書並回寄給主管機關，就會在健保IC卡上加註「安寧緩和醫療意願」，未來在民眾被診斷為末期時，就可免除不必要的急救措施（註三）。

不過，有人擔心會不會以後自己發生車禍、溺水、電擊等意外時，送到醫院也不會被醫師急救？不會的，根據醫師法第二十一條：「醫師對於危急之病人，應即依其專業能力予以救治或採取必要措施，不得無故拖延。」以及醫療法第六十條：「醫院、診所遇有危急病人，應先予適當之急救，並即依其人員及設備能力予以救治或採取必要措施，不得無故拖延。」所以，若發生意外被送到醫院，醫護人員仍會盡力搶救，因為「救人為先」不僅是醫院及醫師的倫理責任，更是法律所規定的義務。

已經插管了，可以撤除嗎？

也許病人在有意識時簽署過DNR「意願書」，卻因故被插管（包括氣管內管、呼吸器、強心劑等維生措施）。在病人未能恢復呼吸及意識，且醫療無法改善病況的情況下，病人先前簽署的DNR意願書將可以完全代表病人的意志，在家人聲明病人DNR的意願後，可將這些維生措施撤除，讓生命自然結束。但是，沒有簽DNR意願書的病人，已經插管了，能夠撤除嗎？這是很多人的擔憂，也是很多過來人的遺憾。若病人在意識清楚時沒有簽署DNR意願書，當家屬看到已昏迷不醒的末期病人身上仍插著各種管子，可能會要求撤除管子，讓病人減少疼痛、安詳離去。在過去，這點卑微的期待很難如願，即使家屬簽署過DNR「同意書」也不行，原因除了醫師意圖避免醫療糾紛之外，還因為法令沒有明文規定醫師可以這麼做。在台灣的醫療環境，對於沒有簽署DNR意願書的末期病人，其醫療處置之撤除，往往是由家屬辦理病危自動出院（因為醫病關係終止，醫師就沒責任），將病人留一口氣帶回家，回到家後撤除維生醫療（邱泰源等，二〇一一）。

難道沒有簽署DNR意願書的末期病人，就不可能撤除維生措施？二〇一一年一月十日立法院三讀通過的「安寧緩和醫療條例修正案」，明訂末期病人經最親近親屬（配偶、成人子女、孫子女、父母）及醫療委任代理人一致簽署「終止或撤除心肺復甦術同意書」，再由醫學倫理委員會通過後，醫師可撤除維生醫療設備，讓臨終病人縮短折磨，免受無意義的痛苦。

然而，不少親屬旅居國外，要一致簽署同意書，在執行上實屬困難，立委楊玉欣因此提案修訂「安寧緩和醫療條例」。她指出，每年十五萬死亡人口中，有三萬人身體插著各式各樣的維生醫療器材，但因法律要件嚴苛，許多病人苦於無法撤除，只能沒有尊嚴的延緩壽命。因此，立法院三讀通過修正條文，二〇一三年一月九日總統府公告，若無病人DNR意願書，僅須經兩名專科醫師認定，再加上一名病人家屬，如配偶、成年子女、孫子女、父母同意，不需再經醫院醫學倫理委員會審議就可撤除維生醫療。若親屬之間意見不一致，也需以書面提出，但最終仍以最近親屬意見為主。再者，倘若末期病人沒有最近親屬，也可經過安寧照會後，出具醫囑代替親屬同意書。（相關表格與條文可參見台灣安寧照顧協會網站）。

綜合上述，曾親自簽署DNR意願書的病人，萬一被急救插管，如果未能恢復呼吸及意識，家屬可以要求依病人的意志撤除無效的維生醫療。若是從未簽署意願書的病人，則可由最親近家屬一人簽署同意撤除維生醫療，不過，可以想見的，若家屬之間尚未達成撤除維生醫療的共識，仍可能引發衝突。因此，只要自己在陷入昏迷前立下DNR意願書，當生命已達末期，將可以免除家人在彼時的困擾，甚至避免親人間產生要不要急救的紛爭，這也是一種愛的表現。

在場見證人的意義

依據「安寧緩和醫療條例」，DNR意願書的簽署除了預立意願書本人的簽名與基本資料（身分證統一編號、住址、電話與出生年月日），還需要有兩位在場見證人，而見證人必須年滿二十歲，身分無特別限制，可以是親屬、朋友或是醫院志工等。見證人除了本人的簽名，同時也需要寫下個人的基本資料。學員在社區大學上課的好處是，這是一群成人共同學習的場所，可以邀請同學為其作DNR的在場見證人，班上也確實出現多位學員彼此互簽的情形。不過，在此還是提醒大家，若作了DNR的決定，簽完後最好要讓家人知道你已簽署，雖然健保卡上會有註記，但若讓家人知道你的意願，將可以多一層保障，多一個願意支持你的意願的人，未來可減少遺憾發生。

在中學任教的小琪在上了介紹DNR與安寧療護的課程後，馬上拿DNR意願書回家給八十多歲的媽媽簽署，因為媽媽平時就常常叮嚀孩子：「以後要是怎麼樣了，千萬不要急救喔！」媽媽很快簽了，女兒就當見證人。但當母女要邀請兩位當醫師的兒子做另一位見證人時，卻被拒絕了，兒子們擔心到時候若醫師判斷錯誤，發生可以救卻不救的遺憾，豈不糟糕？他們寧願到那時再看情形決定。小琪說：「兩位哥哥不願做見證人，是因為他們很愛媽媽。只是若真的到了該簽署放棄急救同意書的關頭，恐怕兩位哥哥會因為情感上的不捨而不敢簽下去，這也正是媽媽擔心的。」兩位醫師哥哥的反應，似乎透露醫界對DNR的存疑。幸好一個月後哥哥主動說要作見證人，讓媽媽也放心了，覺得自己善終的心願有了保障。事後，媽媽抱著好東西與好朋友分享的心情，還主動拿DNR意願書給其他的老人朋友簽署呢！

高齡者的善終是值得我們關注的。近年來我國的人口結構出現相當大的轉變，快速的少子化與高齡化，使我國在全球生育率最低與人口老化速度最快的國家排名中名列前茅。在二〇一七年我國即將達到世界衛生組織所訂定的「高齡社會」指標，六十五歲以上的高齡人口將超過總人口數的十四%，且估計於二〇二五年，高齡人口的比率將達二十%，亦即每五人有一人是老人，屆時我國更將成為「超高齡社會」。二〇一二年五月內政部公布六十五歲以上老年人口死亡人數所占總死亡人數的比率已達到六十八點五%，而未來高齡者所占的死亡比率將更高。因此，高齡者的善終權利，亟需我們重視並且採取必要行動。

二〇一二年我在台中霧峰樂齡中心針對五十五歲以上的長輩開設「善終教育與臨終關懷」課程，原本還擔心長輩們會怕談死，沒想到反應相當正面，尤其是簽署DNR這件事。許多六、七十歲的長輩明白醫療環境的善終障礙後，紛紛主動簽署DNR意願書，並且邀請同學與家人做見證人。當然，也有遇到家人不願當見證人的情形，但長輩因課程的學習而有能力向家人說明，最後家人不僅做了見證人，還讓全家人都一起簽署了DNR意願書。

在場見證人要負責任嗎？

一般家屬對簽署DNR見證人會有遲疑，可能是因見證人一詞，讓家人擔心，若簽了是否表示見死不救，太殘忍，很不孝？而且「在場見證人」這用詞，可能會讓人誤解，以為自己必須對DNR意願書的簽署人在未來放棄急救時負起責任。其實，「在場見證人」的意思是：我簽名表示我知道你明確表達當你在生命末期時要放棄無謂急救的意願，但是我不必為你在末期時沒有急救這件事負任何責任，我只是見證你現在的意願。

預立DNR意願書的好處是，保有自己對臨終內容的自主決定權，並免去讓某位家屬在關鍵時刻做出放棄急救的決定後，反被其他親友責罵的情形。不過DNR意願書雖有法律效力，但法律也只是保障之一，若我們在平時就能和家人充分溝通，得到家人對自己臨終醫療決定的支持，就更能增加個人善終的機會。

重視溝通的預立醫療照護計畫（ACP）

對家屬和病人而言，生活的經驗、DNR知識的多寡、病人的年齡、疾病的嚴重度都會影響到對DNR的認知。雖然現在資訊發達，資訊取得很容易，但一般人對DNR的認知仍有限，大部分人仍然仰賴醫護人員提供治療方式、治療風險及DNR相關的資訊，如果醫護人員能夠提供家屬正確且足夠的訊息，將可避免家屬陷入決策的困境，有助於家屬做出較好的選擇。在這過程需要醫護人員

（特別是醫師）主動、及時的溝通；若醫病之間溝通不良，可能使病人或家屬做不出合適的生命末期決策，反而使病人接受一連串的無效醫療，以致無法善終（蔡翊新等，二〇〇七）。

良好的溝通，是在生命末期照護裡最重要的工作之一。在醫療體系的運作中，針對末期醫療照顧的溝通有個專有名詞，叫做「預立醫療照護計畫」（Advanced Care Planning，簡稱ACP），其實本章所談的內容，都包含在「預立醫療照護計畫」這個概念裡。「預立醫療照護計畫」是個人、家人與醫療照護人員「持續溝通」的動態過程，針對病人未來的醫療目標、價值觀與期望受到的醫療及照護方式，共同思考和溝通，並且讓病人有機會參與、選擇所希望的末期醫療照護。所以，「預立醫療照護計畫」的重點在於醫療人員與病人、家人透過充分溝通，釐清病人的價值觀與醫療偏好，將這些溝通的內容實際應用在病人的醫療目標及治療的選擇上。而前面提到簽署有關DNR的文件：DNR意願書、DNR同意書、撤回選擇安寧緩和醫療意願聲明書及預立醫療委任代理人委任書，都是在「預立醫療照護計畫」的過程中產生的，也叫做「預立醫療指示」（Advanced Directives，簡稱ADs），也就是完成書面文件簽署或記錄。「預立醫療指示」的意思是，我們將來有可能失去做決定的能力，為了避免這情形，在自己仍意識清楚可以做決定時，為自己的醫療處置預作規畫，尤其特指一份載明個人醫療偏好及正式委任醫療決策代理人的法律文件（胡文郁、楊嘉玲，二〇一一）。

歐美各國多同意「預立醫療照護計畫」是協助個人、家屬及醫療照護人員進行末期醫療溝通的較佳模式，也是「以病人為中心」的主要醫療照護模式之一（胡文郁、楊嘉玲，二〇一一）。為了改善末期照護品質，在意識狀態還清楚時，個人被賦予權利，預先規畫自己生命末期的醫療選擇，終極目標是要提升生命末期的生活品質，最終能生死兩相安。若等到重病時才由醫護團隊向病人說明「預立醫療指示」的內容，討論要不要放棄急救，要不要到安寧病房，乃至希望在哪裡往生等問題，不可諱言許多人此時都無法好整以暇地理性思考。所以，我們可不可能在身體健康時就來面對，而不是到重病或緊急時刻，才被迫談論這個議題？

什麼是安寧緩和療護（hospice palliative care）（註四）？

人們可以瀟灑地說「我不怕死」，但身體的「痛」絕對是一件嚴肅的課題。很多癌症末期的病人，身體遭受到無法言喻的痛楚，甚至痛到求生不得求死不能的地步，這時「死」對他們來說是上天的赦免、是神的恩賜、是病痛的解脫，甚至是整個家庭痛苦的解脫。癌末的痛苦通常不是家人的安慰、陪伴就可以舒緩的。很幸運的，在痛的緩解上，現代醫學已發展出很不錯的效果。安寧病房就是一處讓臨終病人可以得到良好的疼痛控制的專業醫療處所，有些癌末病人的疼痛甚至可以有效緩解高達九十％以上，這相當有助於病人有尊嚴、有品質地活到生命最後一刻。

佛教蓮花臨終關懷基金會董事長陳榮基醫師在〈安寧療護的目標與實踐〉一文中感慨談到：

> 在一般綜合醫院裡，癌症末期病人不是受到忽略，就是反而被送進不必要的加護病房中，不但不能解除病人的痛苦，反而讓病人身上插上十來根管子，面對的是現代醫療冷酷與昂貴的機器，病人受到的是非人道的照顧。癌症病人的家屬，常常不知如何面對病人的痛苦，眼睜睜的看著病人受病痛的折磨，對親人也是一大折磨。安寧病房是一個提供人性化照顧的

場所，不僅是身體的醫療，還有精神與心理的支持，家庭與社會的關懷，加上靈性的撫慰及引導。

世界衛生組織（WHO）於二〇〇二年針對安寧緩和照顧的最新定義為：「安寧緩和照顧係針對面對威脅生命之疾病的病患與其家屬的一種照顧模式，其目標在藉由早期偵測及周全的評估與治療疼痛及其他身、心、靈的問題，預防及減緩痛苦，以達提升生活品質之目標」。這個定義強調，安寧緩和照顧以團隊多科際整合的方式，滿足病患及家屬的需求；除了緩解病患的疼痛及其他身心靈痛苦症狀，也能給予家屬支持，在病患臨終期及死亡後，提供家屬悲傷輔導（林明慧，二〇〇九）。世界衛生組織對安寧緩和醫療的期許是：它肯定生命的價值，而且將死亡視為一個自然的過程；它不刻意加速、也不延緩死亡的到來；它在控制疼痛以及身體的症狀之外，對病患的心理及靈性層面亦提供整體的照顧；它同時強調來自周遭的支持，不僅支持病患積極地活著直到辭世，也協助家屬在親人患病期間以及喪親之後的心理反應都能有所調適（黃曉峰，二〇〇一）。

美國在一九七六年立法的「自然死法案」（Natural Death Act），便是指對末期臨終病患不施以增加痛苦且拖延死期的醫療，這並非「安樂死」（註五），而是一種「自然死」的概念（趙可式，二〇〇一），與安寧緩和醫療的目的不謀而合。

癌症末期通常治癒無望，再多抗癌的治療不但無助於延命，反而導致病人痛苦地往生。所以，此時病人最需要的，不再只是「病」的治癒，而是痛與各種身體症狀的緩解，以及社會、心理、靈性各層面的照顧。於是，一九六七年英國的西西里．桑德斯（Dame Cicely Saunders）醫師創辦聖克里斯多福安寧醫院（St. Christopher's Hospice），推廣安寧醫療，目的不在延長病人的瀕死期，而在提升病人最後的生活品質。我國在二〇〇〇年五月二十三日立法的「安寧緩和醫療條例」，就是一種類似「自然死」的法案，而我國也是亞太地區第一個立法保障人民「善終權」的國家（註六）。

安寧療護以人性化的「四全照顧」，緩減病人及家屬的痛苦，並協助病人清淨安詳，且有尊嚴地向生命道再見。所謂「四全照顧」是指：

1.全人：身、心、靈整體照顧。

2.全家：照顧病人，也照顧家屬的身、心、哀傷等問題。

3.全程：照顧病人直到往生，及逝後家屬的悲傷輔導。

4.全隊：由完整的專業團隊共同照護。人員包括醫師、護理人員、社工、靈性照顧人員及志工，並視實際情況加入宗教師、心理師、藥劑師等。

病患除了在「安寧病房」接受照護，還可利用「安寧共同照護」，由受過安寧療護專業訓練的醫師、護理師、社工師、心理師或宗教師組成的團隊，前往各科病房，使癌症末期病人在不離開原醫療團隊的情況下接受安寧療護，獲得身、心、靈的照護。另外，若病患病況好轉，或是想要回家照顧，也可以選擇「安寧居家療護」，安寧病房的團隊同樣也是秉持全人、全家、全程、全隊的照顧理念，為病患及其家屬提供完整且連續的照護服務。根據研究顯示，接受安寧居家照顧的時間愈長，就愈能增加在家往生的機會（吳風鈴等，二〇一〇）（註七），所以，我們若希望增加在家裡往生的機會，安寧療護是很好的選擇。

一般人認為安寧病房就是等死的病房，但從其帶來上述許多正面的意義與價值來看，安寧療護實際上是一個能讓病人平靜、家屬寬心，既提升醫療照護品質，又減少不必要的醫療花費，可說是一舉四贏的醫療機制。

藉由DNR開啟家人對死亡議題的討論

一般家庭很少討論死亡，而會選修死亡教育課程的學員，通常已經有面對死亡議題的準備。這六年來我將安寧與DNR的介紹納入死亡教育課程後，也請學員將與家人討論DNR意願書與預立遺囑當作回家作業。這個教學活動會順理成章地促成學員和家人談論更多有關死亡的議題，包括自己臨終前要不要急救，希望在哪裡往生，喪禮用什麼儀式進行，骨灰放在哪裡……等，而且也創造了和家人分享內在靈性的想法的機會，例如自己對生死的態度、對死後世界的看法，以及處事態度等。

當然，還是有些人不知怎麼開口，尤其是晚輩面對長輩。這時，靜待良機就是個不錯的方法。所謂靜待良機，是等待外在環境提供了可以談的時機，就要把握機會談一下，例如新聞正報導有關安寧的訊息，或播報一位末期病人被急救造成無法善終，或是剛好耳聞鄰里親友已重病住院又被急救，或是去探病時看到親友身上插了很多管子，卻又不能拔管的困境……等，都可以藉此時機跟對方說：「如果是我，我不想要這樣！那你呢？」透過一些說話技巧，便可能試探出對方對善終的想法與個人的死亡觀。另外，也可藉助醫護人員所著有關安寧醫療的著作，以其專業與臨床的角度來說服家人，也許會比自己說更有說服力。若能和家人正面地談論這些議題，進而凝聚共識，不僅有助於自己的善終，也會促進家人間更深層的了解，加深彼此的感情。

隨堂練習

一、和家人、親友分享DNR的觀念，想想看怎樣的說法、怎樣的時機最適合打開話題？

二、和家人、親友討論是否願意簽署DNR相關文件，若他們不願意，又應該用怎樣的說法來說服？

註一、例如，高綺吟（二〇〇七）研究安寧共同照護模式對提升癌末照護品質之成效發現，簽署DNR組之癌末照護品質較未簽署DNR組佳。亦即，簽署DNR的臨終病人，所感受到的照護品質較沒有簽署DNR的好。

註二、二〇一〇年英國「經濟學人智庫」（Economist Intelligence Unit, EIU）針對全球四十個國家的末期病人的安寧照顧的「死亡品質」（quality of death）進行評比，台灣的安寧照顧是全球第十四名，亞洲第一名，高過新加坡（十八名）、日本（二十三名）、南韓（三十二名）與中國（三十七名）。這與台灣在二〇〇〇年立法通過「安寧緩和醫療條例」，並於二〇〇六年起推動健保IC卡加註安寧緩和醫療意願的政策有重要的關係，因為這是台灣唯一優先於其他亞洲國家的「安寧運動」作為（李英芬等，二〇一〇）。

註三、有意簽署意願書可洽台灣安寧照顧協會（02）28081585，或查詢台灣安寧照顧協會網址：www.tho.org.tw，或行政院衛生署www.doh.gov.tw，或各大醫院。

註四、台灣有很多介紹安寧療護的網站，像是台灣安寧照顧協會、天主教康泰醫療教育基金會、財團法人佛教蓮花基金會的網站。民眾要瞭解安寧除了上網查詢，也可洽詢有設置安寧病房的醫院。

註五、安樂死的原文是希臘文euthanasia，由eu（good）+thanatos（death）二字根組成，即「好死」或「善終」的意思。幾乎各國的法律視安樂死為「受囑託殺人」或「加工自殺」，屬於殺人罪或謀殺罪，不是自然死。隨著「作為」或「不作為」的不同，安樂死區分為主動安樂死（active euthanasia）與被動安樂死（passive euthanasia）。「主動安樂死」：藉著藥物或運用其他人工方法等積極作為，所進行的安樂死；一般人在談安樂死時，多半理解的是這個意思。「被動安樂死」：舉凡一切的「不作為」，例如中斷醫療或甚至中斷基本照顧，以導致死亡者，也是安樂死。安寧是放棄侵入性治療，致死原因是原來的疾病，因此是自然死，而非安樂死。引自孫效智（一九九六）。

註六、目前安寧療護服務的對象不僅是癌症末期，為了擴大照護範圍，並推廣國人對安寧療護的認知，健保局自二〇〇九年九月起，除將原試辦計畫（住院與居家）正式納入健保常態性支付外，並新增八類經醫師專業診斷符合入住安寧療護病房之重症末期患者，這包含「老年期及初老期器質性精神病態」、「其他大腦變質」、「心臟衰竭」、「慢性氣道阻塞，他處未歸類者」、「肺部其他疾病」、「慢性肝病及肝硬化」、「急性腎衰竭，未明示者」及「慢性腎衰竭及腎衰竭，未明示者」等八類病患，也能有機會接受健保安寧療護的照護。

註七、吳風鈴等（二〇一二）在〈社區善終照護準備計劃〉一文引用「二〇〇一年針對不同國家癌末病人往生地點選擇的分析報告指出，台灣有八四至八八%的癌末病人希望能在家往生，但實際上僅十七至二十點七%的民眾能達成在家往生的心願，此比例甚至低於各國的平均值（二〇至二六點九%）；不過若生前接受安寧居家照護，約七〇%的癌末病人可達成在家往生的心願。」另外，此文主張透過社區善終照顧準備計畫，強化社區末期照顧網絡，目的在提供連續性照護，使病人返回社區予以居家安寧照護，為人口快速老化的台灣，提供「在地老化、在家往生」的願景。

第五章

淨相的力量

若有人在基督裡，他就是新造的人，
舊事已過，都變成新的了。

——哥林多後書五17

接續第二章談到的念頭與取相，本章將進一步說明「相」確實是面對臨終時的關鍵態度；同時，也為第六章到第八章有關臨終關懷的說話要領鋪路。

什麼是淨相？

前幾章談到內心升起的「相」，此「相」可分為正向的與負向的，簡單說，正向的「相」會帶來正面情緒，負向的「相」則帶來負面情緒。現在就讓我們好好地來談談正向的「相」，這裡稱為「淨相」。

淨相就是清淨的相，美麗的相，能帶來正向力量的相，一如人人都喜歡高山上的泉水，不喜歡被工廠污染的廢水一樣，淨相是人人嚮往的。

乾淨，是很吸引人的！例如，日本常給外國人一種潔淨的感覺，從風景區乃至於普通街道，都讓人覺得很乾淨。潔淨的環境自然散發出吸引力，當我們來到潔淨的城市、乾淨的大地、清潔的廁所，或接觸到清淨的空氣，我們內心會因為外在的潔淨而感到喜悅，甚至感動。

乾淨的環境很迷人，同樣地，清淨的心也很迷人。當我們感受到這個人的心地純潔，沒有嫉妒、沒有占有、沒有對立、沒有憎恨，只有純真、包容、平和，我們很自然的就被他吸引了；一如我們看到嬰兒，不自覺地就被吸引，因為我們喜歡嬰兒單純。就像我的小姪子，他天真無邪的臉龐是全家注意的焦點，每次看到他，就不自覺開心起來。也許可以進一步地說，其實我們是希望自己也能像小嬰兒一樣。

當我們身處乾淨無污染的環境，會感覺安心，不怕吃的、喝的、呼吸的會有問題；面對人也是一樣，當我們和單純的人相處時，也會感到放鬆、安心；但若面對殺氣騰騰、舉止粗暴或充滿算計的人，一定會提心吊膽、惴惴不安。我曾有多次機會和幾位令人敬重的長輩相處，他們都是在道德實踐上戒慎嚴謹的長者，包括佛教界的法師、基督教的牧師與長老、天主教的神父以及我敬愛的師長。他們的舉止言談，讓跟隨在旁的我感到十分溫暖與寧靜，甚至自己內在心靈的缺損，似乎也都在他們的包容下得到了撫慰與療癒。不只如此，這種相處的經驗，還會讓我升起對人、對生命的信心，就算今天是我的最後一天，乃至是世界末日，我都不害怕的巨大信心。

我們對品行純潔的人有信心，但對品行不端的人，是否也能保持信心呢？這就要討論人性的議題了，可是個大哉問。

相信每個人的善意

我相信，人的本性是希望對人好，不希望對人不好；如果一個人對人不好，一定不是他的本意，必是有苦衷，或有「能力」不足之處，例如缺乏定力、情緒管理的能力、愛人的能力等等。倘若一個人發酒瘋，乘著醉意傷害別人，等他一清醒、本性浮現了，必定會對自己昨夜的行為懊悔不已。

我相信人的本性是美麗的，世上的主要宗教都對此有一定的信任。以佛教為例，《華嚴經》記錄釋迦牟尼佛一句傳頌千古的話：「奇哉！奇哉！大地眾生皆有如來智慧德相，但以妄想執著不能證得。」還有《涅槃經》：「一切眾生皆有佛性，有佛性者，皆可成佛。」在在說明本性的美好。

相信他的「本性」，不相信他的「習性」

但不斷作惡的人，本性又是如何？報章上常見到性侵犯出獄後，再度犯案的新聞。根據犯罪學的統計，性侵犯根治的比率不高，再犯率卻很高。如果一名性侵犯說：「我再也不會犯了。」基於對人性的相信，我們到底該相信他，給他自新的機會，還是抱持懷疑？我會說：「我相信你想要改過自新，你有向上向善的本性，但我不相信你的壞習慣。」假設我們反問他：「你相信你不會再犯嗎？」或許連他自己都不敢保證。

我的一位朋友，十多年前因為投資失利損失了上億元，並落得妻離子散的窘境。二〇一〇年股市走出金融風暴的陰影時，他又開始玩股票，但因炒短線再度輸了一百多萬。他不甘心輸錢，打算向另一位朋友借錢繼續玩，但我拜託那位朋友拒絕他，因為我知道，借他錢是在害他，是讓他欠更多錢，不借才是幫他。事隔一年後，這位玩股票的朋友很懊悔地告訴我，他把近年來辛苦賺來的錢都輸掉了，但他很感謝那次我告誡那位朋友不要借他錢，不然會輸得更慘。他是一個努力工作的人，也是個善良熱心的朋友，我真心相信他奮發向上的志願，但我不信任他禁不住誘惑的壞習慣；因此身為朋友的我必須在旁提醒他，而在這過程中我依然可以保有對人性的信任。

每個人都有些很難改的壞習慣，例如：沒耐性、逃避壓力、老是遲到、情緒化、衝動行事、浪費、有上網癮、酒癮、菸癮、賭癮、性癮、毒癮……等。這些習性不易戒斷，但內心深處是真的不希望有這些壞習慣。如此，或許就更能理解犯罪的人了。將習性與人性分開看，是否更能相信人性了呢？

對人性的信任有助於面對臨終

為什麼要談對人性的信任呢？因為在面對死亡時，對「人性的信任」可以幫助臨終者，甚至是作為家屬親友的自己，得到很大的釋放。

一位罹患乳癌的學員在課堂上分享了一個感人的故事。她嫁到夫家後，公公對她很苛刻，經常在言語上傷害她，以致她每次看到他都很畏懼。她和丈夫搬出去住後，有十年沒回去看公公，直到他生重病並且接近臨終，才因丈夫的請求，鼓起勇氣到醫院探望。到了醫院，她遠遠地簡單問候病床上的公公，沒想到公公請她靠近他身邊，並說道：「以前我因為脾氣不好所以對妳很不好，真歹勢（台語），我不是故意要對妳這樣！」聽到這句充滿懺悔與溫暖的話從公公口中說出，她的眼淚立刻潰堤，記憶中那位疾言厲色的公公瞬間粉碎了，她看到的是一位柔軟謙虛的老人家，由衷地懇請晚輩原諒，她也想到這十年來自己一直用公公以前說過的話在折磨自己，實在是太傻了。這彌足珍貴的最後對話，讓她到現在一想到往生的公公，內心都是溫暖的，因為她感受到公公的一片善心。

由衷懺悔，有助於回到清淨的心

不管這一生造了多少罪業，由衷懺悔，才能讓過往之事真正「過去」。愈是由衷虔誠，就愈能從過去的束縛中解脫，獲得重生的喜悅。學員的體驗告訴我，我自己的生命經驗也這樣告訴我，宗教的教示更是這麼說。《聖經》中，聖徒保羅說：「若有人在基督裡，他就是新造的人，舊事已過，都變成新的了。」（哥林多後書五17）。只要誠心地懺悔，願意走向真理，過去記憶的束縛才能輕輕地放下，讓過去的過去，讓心乾淨。

第一次到太平間的經驗

第一次體會到取相的重要，是我大四時。晚上十一點多，佛學社的學弟急敲我宿舍的房門，他慌張且憂心地說隔壁班同學跳樓自殺，目前在台中榮總急救，希望我可以去看看他。當時心想，我是學長，好像不應該拒絕，只好硬著頭皮前往。我們騎著摩托車抵達台中榮總後，得知那位學弟已身亡並移到冷凍遺體的冰櫃了。於是我們又往太平間走去，告訴管理員我們要探視的亡者。管理員領著我們往下走一小段階梯，然後拿鑰匙打開了冷凍庫的門。正當要進去時，我看了看手錶，剛好十二點，此時，這個時間的「相」勾起我以前看鬼片的記憶，一種陰森恐怖的感覺浮上心頭。進門後，眼前有好幾層冰冷的不鏽鋼冰櫃，當然裡頭也有好多具遺體。管理員拉開了那位學弟的櫃匣後，便轉身出去了。老實說我真的有點害怕，於是我揮手想請站在門外的學弟進來作伴，他竟猛搖手不肯進來，於是我只好一個人硬著頭皮站在冰櫃前，心裡嘀咕著誰叫我是學長呢！這裡的溫度很低，更增添陰森的氛圍，腦海浮現阿飄的相，彷彿就在身後和天花板看著我，想到這，心中更加不安了！此時，我覺察到這份恐懼來自亂想，於是立姿中正恭敬地合掌，內心升起要對眾生慈悲的心，我知道此行的目的是希望給亡者正面的迴向與祝福，於是觀想佛菩薩在虛空中放光明，普照太平間所有的眾生，願仰仗佛光令其離苦得樂。接著，我輕聲在學弟耳邊說了些要他放下的關懷話語，然後引導他念佛，之後又誦了一段經咒給他。此時，我的心很寂靜安定，且充滿光明，即使離開後也是如此。這次的經驗讓我很明顯地感受到「取相」的重要，遇到死亡的時刻，真的可以因為善巧的取相而得到安定與力量。

淨相與淨信對臨終者的幫助

生死學或者是宗教，就是在培養對人性、對神、對死後世界的淨信。什麼可以減少苦？淨相可以減少苦，淨信可以減少苦。在斷氣的時刻，就是要靠這樣子的淨信和淨相，清淨的信心、清淨的取相。當我們很嚮往那個相，很多世間的恩怨情仇就會放下（台灣聖脈生命教育協會）。

心中升起「淨相」會讓我們有正向的力量，而「淨信」指的是對淨相有深深的相信之意。為什麼淨相與淨信在面對臨終時會有幫助？此處和大家分享一則被砍頭的戰士的故事：

在古代有位英勇的戰士被敵軍俘虜了，戰士被帶到熱鬧的市集，架上了刑臺，頭俯靠在斷頭臺上等待處決。正當劊子手要將大刀砍下前，俯著頭的戰士眼睛微微向上飄望著圍觀的民眾，恰好瞥見一位少婦手裡抱著小嬰兒，小嬰兒沉沉地睡著並面帶微笑，渾然不知這世界發生了什麼事。當下戰士的眼睛定格在小嬰兒臉上，他的心與嬰兒的天真、單純、可愛相印契，那美麗的相讓戰士的嘴角跟著上揚，這時剛好大刀落下。

你覺得戰士死前的那一瞬間，是不是比較沒有恐懼？

死亡本身並不可怕，最難熬的除了身體的痛苦外，就是臨死前心靈的不安與亂想了。臨終者也是，獲知自己的生命即將終了後，注意力要放在哪裡才能安心呢？若能取到美麗的相，身心就容易依相而放鬆、放心、放下。想在死之前取到美麗的相，平常就可以練習。很多宗教徒因為對神、對佛的虔誠信仰，對真理、對佛法的深信，對回到天家、對往生淨土的深心嚮往，在死亡時就能有很大的信心。

我曾對數十位臨終者或往生者進行言語上的臨終關懷，但他們大多無法回應了，所以沒能得知他們對臨終關懷的感受，以證明淨信與淨相的重要。不過，在生死學的課堂中，我安排了體驗意外死亡的活動，帶領大家經驗臨終時的心情變化，同時讓大家感受淨相與淨信的力量。

為了讓體驗更逼真，也為了讓學員更能清晰地觀察到自己在模擬臨終時心中升起的相，我先請學員觀賞意外死亡的影片，形成視覺的記憶，接著讓大家立即戴上眼罩，隨著具臨場感的音效、配樂以及體驗引導詞，進入意外死亡的想像世界。結束後，學員大都表示頗有親臨現場的感受。從以下學員的分享，可以看出意外死亡時，淨相與淨信的重要：

學員A：土石流沖刷下來時，剛開始還會想要抱住孩子，後來才想到孩子根本不在我身邊。我本來覺得自己滿勇敢的，但我還是肉身，還是有恐懼，所以一定要靠著一面牆。牆倒下後，我躺在地上，才感覺到我是大地之母的孩子，就把自己當作它的孩子，揉在泥土裡吧！雖然沒有天使，但是我相信我會被發現，因為心裡的那道光一直都在。後來有人注視我，我感覺到很溫暖、很有力量的光，像我現在講話時，還是覺得有股力量握著我的手。我彷彿看到那握着我的人就是爸爸，一時間所有的悲傷心情，分別這麼久的心情，都在此時藉由他的手傳到我身體。

學員B：洪水來的時候，只有短短幾秒鐘，速度太快了，土石流淹沒了我，過去的種種從腦海閃過。我知道土石流的力量太大，我小小的力量無法與它抗衡，石頭將我的身體打碎，甚至穿過身體，但是我不感覺痛，因為我知道這個身體並不是真正屬於我的，而我的靈魂看著身體跟著土石流一起掩埋。旁邊有很多悽慘的聲音，都是放不下的聲音，執著的聲音，好可憐啊！一道光從天上照了下來，很溫暖，天使出現了，我知道這位天使一直守護在我身邊，他默默地看著我，雖然沒有與我對談，但我可以感受到他的存在，感受到重生是美好的。

學員C：當身體埋在很深很深的泥土中，我非常希望有一道光能夠拉起我，我想要呼喚家人，可是他們在哪兒呢？雖然埋在深土裡面的我，無法在今生再遇到你們，但是因為佛陀的光、佛陀的愛，照亮著我，所以我的生命獲得了重生和喜悅。感謝家人今生的陪伴，也許我無法再見到你們，但是謝謝你們，有佛陀來引領我的生命，我相信我的生命依然是充滿著光明、充滿著愛的，希望你們好好照顧自己。

學員D：災難突然發生時，內心感到很驚恐，沒有時間考慮家人，只覺得呼吸困難，大水沖得我失去了方向，然後土石流沖刷下來，自己終於不支倒地，漸漸地在呼吸微弱當中，想到師長對我的愛，想到這一生有很多貪嗔痴不如法的對待，對家人感到慚愧，也覺得幸而有學佛，所以心裡感到有份篤定，有份信心，覺得可以靜下來了，可以走了。

平時就要培養淨相與淨信

在這意外死亡的體驗中，若能在臨終的那一刻，心中升起淨相與淨信，將會帶給內心莫大的安定與力量，以及對死亡的信心。當然，這樣的信心平常就要培養，在宗教信仰上或在心靈層次上提升，那麼在真正臨終時，才能讓心安靜下來，並且與內心最美麗的相、最嚮往的信仰連結在一起。

我有一個朋友曾得過乳癌，後來雖然病癒，但一想到死亡還是很恐懼，不知死後會到哪裡去。但一年多前，她受洗為基督徒，信仰讓她對死亡無懼了。她說：「現在我隨時都準備好了，死了就是回到天家，回歸主懷，以後也會和家人在天家相聚。對我的先生和孩子，我也不會放不下，因為我將他們交給神，他們各自有自己的功課，我相信神會帶領他們的。」這就是一種淨信，會幫助她放下，也會幫助她無懼地走下去。

千風之歌蘊含的淨相與淨信

日本聲樂家秋川雅史所演唱的「千風之歌」（千の風になって），聽過的人無不深受感動。其歌詞是由芥川文學獎得主新井滿翻譯自美國詩作「Do not stand at my grave and weep」，內容是死者安慰在生者不要哭泣，因我並不在墳墓裡，也沒有消逝不見，而是轉化為不同的生命形式，存在於你所感知的世界。歌詞的中文翻譯為：

在我的墓前 請不要哭泣
我不在那裡 我並沒有長眠
化為千風 我已化身為千縷微風
翱翔在無限寬廣的天空裡
秋天裡我化作陽光 照耀著大地
冬天裡我化作鑽石般閃耀的雪
清晨我化成鳥兒喚醒你
夜晚我化作星辰守護著你
在我的墓前 請不要哭泣
我不在那裡 我並沒有死去
化為千風 我已化身為千縷微風
翱翔在無限寬廣的天空裡
化為千風 我已化身為千縷微風
翱翔在無限寬廣的天空裡
翱翔在無限寬廣的天空裡

歌詞的字裡行間傳達了死亡的美感，我想不僅在生的人可以在歌詞中得到安慰，若臨終者能對歌詞的信念懷抱信心，也將因此而有淨相與淨信而無所懼。

隨堂練習

一、你以前遇到生命的低潮時，是誰帶給你正向的力量走出谷底？

二、對你來說，你心中有哪些「淨相」，讓你想到時，內心更平靜、更有勇氣、更有愛心、更無所懼？（例如：人、淨土、神、佛菩薩、景色、歌曲等）

第六章

臨終關懷前要注意什麼

有一位媽媽表示希望她臨終時，
女兒走進病房是微笑的，
要像平常那樣打招呼：「嗨，老媽！」然後抱抱她，
用溫暖的口氣和她談話、談心，
這樣她會比較舒服。

探病時應如何表達關懷

「在探病的時候，你覺得自己能說出適當的話語嗎？」我曾多次向選修「說話的藝術」和「從電影看生死與臨終關懷的藝術」的學員提出這個問題，結

果大家都表示自己在探病時不太會說話。人生會遭遇很多不同的景況，必須以適當的表達來應對。但探病的場合，尤其是探望臨終親友的場合中，大多數人卻都不知說什麼才得體，就連平日口才流利的人，此時也因口拙而猶豫煩惱。大部分的人會說些通俗的慰問語，例如「祝你早日康復！」「你看起來氣色很好！」「你會好起來的！」「我們等你回來喔！」「你恢復得不錯，應該很快就可以出院了！」「請多保重！」「加油！」也有不少人是面面相覷不發一語。有些話說得很勉強，有些話明知是違心之言卻也應景地說了，甚至還會發生該說的沒說、不該說的卻說了一堆的情形，令人懊悔不已。

每個人都會死，身旁的親友也是，一如英國諺語所言：「死亡，是加入大多數人的行列。」（註一）這句話從歷史長流的角度道出人與死亡的關係，亦即每個人最後都得加入死者的行列。這一生中，我們會有很多機會去探望病危或傷重瀕死的人，且在人際網絡愈來愈寬廣的現代社會裡，送往迎來的機會比古人更加頻繁。但大部分人從來沒學習過在這種場合的說話要領，以致事到臨頭不知所措，甚至因表達不及或表達失當而抱憾終生。在探病的場合，大部分人連基本的慰問都不擅長，更遑論是優質的言語關懷。要把話說得得體、令人受用，是門藝術，需要用心與學習，甚至需要好的模範來參考。探病者都希望能透過體貼的慰問帶給對方溫暖；另一方面，表達出得體而令人受用的關懷，也能讓探病者自己安心、沒有遺憾。

台灣安寧界的臨終關懷

在台灣，安寧照顧領域的學者與臨床工作者提出了有效的口訣，作為臨終關懷時的指導原則。其中，以趙可式博士提出的「道謝、道歉、道愛、道別」，最為人熟知與廣泛運用；另外賴允亮醫師也提出四道，分別為「道謝、道歉、道別、道平安」。這些口訣簡單易懂，很具體地點出了臨終關懷的方向與下手處。

近年來，臨終關懷議題也在教育界受到廣泛注意，並產出許多以此為主題的專書與論文。我也希望能盡一己之力為這個領域做出貢獻，將自己的學習經驗，歸納出可供一般人在生活中應用的參考。畢竟，對臨終者的關懷不只是醫護人員的責任，更是一般人都需要鍛鍊的能力。

接下來將分兩大部分來說明。首先闡明為何要學習臨終關懷，接著從前人研究與我自己的心得中，整理出臨終關懷時需具備的心態與認知。

為什麼要學習臨終關懷

一、增加家人的參與，彌補宗教式的臨終關懷的不足

談到臨終關懷，一般人聯想到的多半是宗教式的關懷，例如佛教的助念往生、基督教的臨終祈禱、天主教的敷油聖事等等。

以佛教助念往生為例，多半是在往生前後數小時，由師父或師兄姐帶領家屬進行，同時師父或師兄姐也擔當對臨終者的宗教引導，並教導家屬對臨終者說「萬緣放下，一心念佛求生西方極樂淨土」等引導詞。這種以念佛號為主的關懷活動，能幫助在場者將雜沓心念、紛亂情緒都收攝在佛號上，現場氣氛轉為安詳、寧靜、莊嚴。此時，家屬多半是參入助念團隊裡跟著念佛。然而這樣的臨終關懷，內容僅是念佛號及引導往生極樂淨土，似乎少了以家屬和臨終者互為主體的互動：它缺少了雙方之間的安慰、彼此真心的傾訴、交代與祝福。這種傳統模式似乎反應出，一般人不知如何對臨終者（往生者）打開心門進行臨終關懷的障礙與尷尬。

此外，我認為臨終關懷的時間不一定局限於死亡前後的數小時，其實可以在死亡前數天、數星期乃至數月的日常生活中，就開始進行。

二、提供非宗教徒也適用的臨終關懷方式

對臨終者提供宗教式的臨終關懷前，有必要先評估適切性與可行性。若臨終者不是該宗教教徒，且對該宗教心懷排斥，關懷者不應堅持以自己的宗教方式來關懷對方，應審慎評估臨終者或家屬的接受度。不同的臨終者有不同的宗教信仰，甚至完全沒有信仰，因此，學習適合不同宗教的臨終者，以及無宗教信仰的臨終者的臨終關懷方式，是有必要的。

關於這一點，二〇〇八年時一次學員分享，給了我很大的提醒。那一期有位學員是佛教出家師父，當課程進行到「臨終關懷」主題時，師父提起多年前的一件往事。一天傍晚放學時分，他在路上目睹一場嚴重車禍，有位年輕媽媽來接孩子下課，回家路上卻被車撞死臥倒在地，穿著制服的兒子蹲在一旁哭個不停。當下師父慈悲心起，立刻為亡者主持三皈依與念佛助念往生。然而事後，師父內心對此事耿耿於懷，總覺不安，卻不明白為什麼。於是我邀請師父躺下，扮演那位往生的婦人，由我來演練臨終關懷，師父才恍然大悟問題出在哪兒了。當時我在關懷的過程中說到：「我不知道你信仰的是什麼？也許是佛陀、菩薩、媽祖、上帝，現在，感覺那位慈愛的神或慈悲的佛菩薩就出現在你的身邊，陪伴你，給

你信心，給你力量。感覺祂的光……」從這段關懷詞中，他豁然明白多年來不安的關鍵在於，當時他並未進入亡者的信仰來關懷。

師父的親身經驗，給我一個提醒，除了要熟知自己宗教信仰的臨終關懷方式外，還需要學習其他宗教、甚至通用於每個人的臨終關懷方式，以便在需要時派上用場。

三、幫助臨終者有信心面對死後世界的恐懼

臨終者走到生命盡頭時，除了要學習對這一生、對周遭一切的放下、放心外，還有一個重要的環節需特別關注，那就是他必須獨自面對死後的未知世界，心中可能因不知何去何從而升起恐懼。試想，若是自己就要臨終，即使在親友陪伴下，已放下了對這一生的怨懟與不捨，但我還是得孤伶伶單獨面對死後世界，我會去哪裡？會遇到什麼？我有足夠的信心來面對嗎？

安寧領域的醫護人員與志工，必定已在長時間的經驗下累積出幫助臨終者建立對死後的信心的關懷詞。但在針對大眾的課堂中，為了突顯幫助臨終者有信心的重要性，我提出臨終關懷三步驟，並將「道謝、道歉、道愛、道別」融入

對話中，希望使臨終關懷的內容更加完整。這三步驟分別是：幫助臨終者「開心」、「放心」，再增加「幫助臨終者有信心」這一項。臨終關懷三步驟將在下兩章詳細說明。

四、減少在生者的遺憾

好的臨終關懷不只能助益臨終者，還可避免關懷者因不善表達或不當表達而產生遺憾，更能幫助在生者的內心得到安慰，甚至壓力得到抒解、愧疚得到饒恕、陳年的恩怨情仇得到救贖。因此，我在課堂上將「臨終關懷」的副標題訂為「護人護己」，因為臨終這件事，是臨終者與關懷者彼此生命的最後、也是最重要的交集，若能把握與善待這重要的時刻，絕對可收利人利己之效益。

臨終關懷前，需具備的認知與態度

一、臨終關懷前需具備的認知

（一）你願意現身，就是一份禮物

有些人想要關懷臨終的病人，卻擔心自己的出現會不會打擾到對方，或不知道要說什麼。「你願意出現，就是送給病人的一份禮物」（註二），這句話頗能鼓勵關懷者勇敢表達對病人的關心。臨終者就和平常人一樣，有不同的個性，或因藥物與疼痛改變了原有的個性。關懷者不要期待因為自己的出現，而為臨終者帶來多麼正面的效應，得失心太重恐怕會造成更大的失落。有時關懷者出現時，臨終者正在劇烈疼痛，此時便不是可以好好談話的時機。但即使如此，關懷者的出現就已帶給病人一個溫暖的訊息：你並不孤單，我很願意陪伴你。甚至告訴他：「我晚上還會再來看看你」，「我會為你禱告（或迴向、祝福）的！」這樣可以讓對方感受到我不會放棄你，我會陪伴你。當然，若許下了承諾，就必須確實遵守。

若以時間來區分，臨終關懷可分為長期的陪伴與短暫的陪伴。通常末期病人的長期陪伴者會由親人擔任，也可能是友人或看護。長期陪伴是勞心勞力的工作，陪伴者還需學習照顧病人的基本護理常識（註三）。但若能讓臨終者知道，陪伴者將照顧自己一直到生命的最後，就會在生活與心靈上給他支持力量。短期陪伴則指一次或偶發出現的關懷者，同樣能帶給臨終者力量，例如對正處於低潮情緒的臨終者，你的出現可能帶來慰藉，也許你正好是臨終者想見的人！

不管是長期的或短暫的，關懷者的角色就是陪伴者，不是主導者，所以不要因結果不如預期而挫折，最重要的是你的真心與善意。另一方面，對關懷者來說，這些陪伴的過程將帶給生命更深的體悟與省思。

(二)角色扮演有助於將心比心

「將心比心」是臨終關懷中非常重要的態度。在體驗臨終關懷的課堂中，學員都有機會扮演關懷者，也有機會躺下扮演臨終者。當學員扮演臨終者讓別人來關懷時，就能更理解臨終者的心情與處境，而這份理解也會影響他扮演關懷者時對待臨終者的方式。穿上對方的鞋，比較能同理對方的感覺，站在對方的立場來思考。學員未來實際臨終關懷時，將更明白如何掌握要領。有的學員在做關懷時，說話太快、太急，讓扮演臨終者的學員覺得不舒服；一位學員是安寧病房的志工，她扮演關懷者時，想像躺著的臨終者是自己的母親，她一邊說話一邊撫摸對方的頭，結果扮演臨終者的學員說，摸一、兩次還好，一直被摸就很不舒服，這樣的回饋讓這位志工知道應當改進之處。另一方面，扮演臨終者的學員雖然只是躺著，卻在過程中得到很多啟發，例如不希望關懷者說負面的話，最好能說些感謝我、祝福我、愛我的話，但愛的言語又不能說太多，太多就會不捨。另外，「道歉」的話也要視情況表達，例如有學員對臨終的母親說：「媽媽！我很對不起妳，沒有好好照顧妳，而且又常讓妳擔心，都是我不好！」扮演臨終母親的學員在演練後回饋：「如果是在我即將死去卻又無法回應的情況，妳不一定要講道歉的話，因為聽到這些話心裡會很沉重、會有負擔，我擔心我死後妳還會自責下去。至少，妳也要自圓其說，說：媽媽我知道妳是愛我的，妳會原諒我的，請放心，我會把自己照顧好。如果距離往生還有一段時間，就可以道歉，讓彼此有時間化解。」此外，第三步驟「有信心」的引導很重要，當關懷者一講到佛陀、耶穌或是一道光等宗教靈性的語彙時，臨終者內心就會瞬間安定下來。

累積這幾年的經驗，我發現學員上了「臨終關懷」與「我的告別式」這兩堂課後，大多有個新體會，那就是增加了接近臨終者與往生者的視野，對臨終者與往生者的世界多了一份親切感，不再覺得那是遙遠的、令人恐懼的異次元世界。體驗課程讓大多數學員覺察到，所謂的臨終者與往生者，就是未來的自己。

（三）關懷者所站的位置與碰觸的問題

在進行臨終關懷時，關懷者所站的位置、所做的動作，都要顧慮臨終者的感受。如果臨終者還能睜眼看人，那麼關懷者所站的位置就很重要。假若站在臨終者頭部的位置，試想，虛弱的病人要將眼球往上吊來看你，必定很吃力。最好是站在臨終者眼睛睜開時，能不費力地看到你的臉的位置，因此關懷者坐在臨終者腰側的位置會比較適當。

關懷者對臨終者的「碰觸」，更要審慎評估。雖然「碰觸」看起來是不起眼的小動作，但小動作卻可能造成意想不到的傷害。需注意之處有：（一）考量關懷者與臨終者的關係、親近的程度；（二）若不確定，主動詢問臨終者可不可以碰觸，可不可以握他的手；（三）碰觸的力道不宜過猛，更不宜劇烈搖晃、拍打；（四）多數的佛教團體主張死後數小時內不要移動大體，讓亡者得以不受干擾地面對往生，不過在醫院現實情形多不允許，因此家屬可在移動大體前先輕聲招呼亡者，以示提醒。另外，國內的安寧病房多設有往生室，給家屬一個安靜的處所向亡者告別或進行宗教儀式。

接下來，以不同的角色來具體說明「碰觸」的要領：

1. **親友**：若關懷者是臨終者喜愛的親友，那麼溫柔的握手、碰觸多半會讓臨終者感到溫暖安心。許多學員回饋，在扮演臨終者時，覺得若親友可以輕柔地握著自己的手，或是抱抱自己，都會升起安心、溫暖與有力量的感覺。握手時，手掌可以考慮放在臨終者的手掌下方，讓對方可以選擇緊握或鬆手，一方面也是對臨終者的尊重，免得因按壓力道太大而讓臨終者不舒服。

適當的碰觸與撫摸，會讓病人感到舒適並帶來慰藉。例如，幫病人洗澡、梳理頭髮、刮鬍子、修指甲、整理枕頭，或是輕輕地按摩肩膀、太陽穴，或按摩他的背部、手腳，動作要溫和，可以使用乳液；另外，還有簡單的擁抱，輕拍肩膀，甚至晚安式的親吻也可以。有位安寧病房的醫師相信病人有「皮膚飢渴」的現象（註四），因為渴望撫摸是人類的天性，撫摸可以滿足皮膚的飢渴，給予臨終者足夠的撫摸，是一項寶貴的心靈祝福。

不過，若就課堂操作的經驗來說，也並非每個人都希望被碰觸，有的人希望自己臨終時能盡可能減少干擾，能有一個安靜的環境就好。

2.宗教師或信靠的長輩：若關懷者是宗教師或臨終者所信靠的長輩，他們的碰觸或握手，將會帶來安慰與信心。若臨終者有信仰，也可以利用這樣的碰觸，進一步作與神、佛的連結。例如，可以對他說：

親愛的弟兄，請你感覺我握在你手上的溫度，這是主耶穌的愛透過我的手要傳達給你，給你信心，給你力量。你的靈將被主耶穌帶去，你將去到慈愛的天父身邊與祂永遠同在，你將得著最高的福分。

當放手時，也可以繼續說：

這股力量沒有因為我的放手而消逝，你依然可以感受到這股力量，放心地將手交給主耶穌，祂會一直牽著你回到天家，你一點也不用擔心、不用害怕，主耶穌的愛將圍繞在你可以感覺到的任何地方。你內心要不斷地禱告與謝恩，主耶穌必會帶領你回到天家，得到永生的生命。

「主耶穌」可以代換為臨終者信仰的佛菩薩或其他神祇，而「天家」亦可以更換為淨土或臨終者嚮往的世界。若是佛教徒，可以這麼說：

放鬆，放下，這一生的功課都已經圓滿了，可以放下了。因為過去的因緣，我們來到這世間和這麼多人相遇，不管善緣、惡緣，如今緣份都已經圓滿了，功課已經都做完了。相信因緣，相信家人有各自的因緣要學習、要承擔。生命就是這樣，因緣聚、因緣散，一切都會消失，沒有你的，沒有我的，這個你的體會比我們更深刻。佛陀說我們都有佛陀的清淨心，雖然有時會執著、會有貪嗔痴，但是因為佛法僧三寶讓我們走在光明的道路上。現在，心中只要憶念著佛菩薩，默唸著佛菩薩的名號，感覺佛菩薩的光就在面前，你將跟隨著佛菩薩的引領往生淨土。

在美國研究語言病理學超過三十年的史丹・高柏格教授（Stan Goldberg），他的工作是幫助人們提升語言能力。他原本最愛語言的精確性，但當他罹癌後在安寧病房擔任志工時，對透過無言的碰觸來溝通，有很大的體悟。在第一次為臨終者按摩時，他發現重點不在於按摩的技術是否高明，而在於與另一個人建立連結，沒想到手的碰觸竟能表達出他從來沒想過的情感，包括陪伴臨終者度過恐懼與痛苦。他覺得這是一生中最成功的溝通經驗，而且沒有透過隻字片語。

（四）以感恩的心，感謝臨終者的教導

關懷者在臨終關懷所抱持的心態，不應是「我是來拯救臨終者，讓他不要墮落」。而應抱持一份學習、感恩的心，如此也才能讓臨終者感覺受用。臨終者在生命末期的身心樣貌，是他用生命對周遭人們的示現，提醒我們無常隨時都在身邊，激勵我們不要在生命的最後才努力，要在還有力氣的時候，趕快活出真愛的生命。

如此懷抱著學習、感恩之心的臨終關懷，很適合同輩或晚輩。我們可以對他說：

從你承受病痛的過程，我看到了你面對病痛時的勇敢，我也看到了身體真的不是我的，是借我們使用的，有一天終將還給大地。我不知道未來是否能像你這樣勇敢、灑脫，但我會將你面對老病死的勇氣放在心上，未來輪到我時，我會想到你，想到你帶給我面對老病死的勇氣與力量。謝謝你用生命讓我有機會上這寶貴的一課。

這樣的述說，是非說教的、非上對下的，能讓對方感受到你想傳達的感激之情。

（五）善用現代溝通科技

也許我們會以為，臨終關懷就一定是現身在臨終者身旁。其實不然！臨終關懷的目的是為了讓臨終者與關懷者兩方得到心靈上的慰藉，許多方式都可以跨越遙遠距離，達到此目的。例如，利用電話表達思念，寄卡片或親手寫封信，並附上對方感興趣的照片與動人的文字，甚至可以寄送柔軟的填充玩具熊，或對方喜歡的音樂CD，或任何具有代表性、紀念性的東西。這些東西，可以每隔一陣子就傳送給臨終者，讓他感受到持續的關懷。如果臨終者無法閱讀，可以請一旁的陪伴者代讀。當然，更可以利用便利的科技，將情感即時地傳達給對方，例如使用筆記型電腦、手機傳送信件或簡訊，還可以利用網路攝影機來個線上影像通話。如果關懷者擔心在臨終者面前無法控制情緒，也可事先錄好，再播放給他聽。關懷的工具很多，只要願意做，空間絕不是阻隔。

二、臨終關懷前需具備的態度

關懷者在進行臨終關懷時，尚需注意以下五點，以培養良好的態度：

（一）不論臨終者是否已斷氣，皆以由衷、尊敬的態度面對

當你在關懷一位失去意識的臨終者，或是已經斷氣的往生者時，都要想像對方正在認真傾聽，如此說話的口氣與用詞會更加由衷、更有感情。若臨終者一斷氣，就將之視為沒有生命的遺體，我們的態度便會變得隨便、冷漠，關懷時就會失去感情，展現出來的就是對死者的不敬。根據臨床醫學的臨終研究，聽覺是人死後最後喪失的感官，因此關懷者在此時說話不可不慎（註五）。

也許有人會認為，人斷氣後就聽不到了，不需在乎亡者的感覺。但我見過一個實際案例，發現人斷氣後並非立刻失去感覺，這讓我關懷往生者的態度更為慎重。當時我讀大二，同學的母親因癌末即將臨終，幾位同學在晚上十點多抵達當時的中國醫藥學院附設醫院探視。一群人圍繞在伯母病床旁以佛號助念，並看著她斷氣，之後我們繼續助念約十來分鐘，伯母呈現安詳熟睡的面容。此時家屬決定要將遺體送到殯儀館。醫院離殯儀館很近，我們上了接體車一起到殯儀館，抵達時已午夜十二點。只見禮儀社的工作人員粗魯地拖著擔架將遺體一路顛簸拉入停棺室，當掀開往生被時，伯母的臉色已不如前，色澤較黑且皺起眉頭。

有人說，人雖斷氣了、腦波停了，但並非真的死了，因為神識還在。這次經驗似乎也驗證了這個道理。在此我並非探討往生者斷氣後官能感知何時停止的問題，只是要藉此經驗強調，不管對方斷氣與否，都應以尊重、由衷的態度來對待，這是臨終關懷的基本態度。

（二）尊重對方的信仰

尊重臨終者的宗教信仰，也是基本態度之一。若對方是基督徒，總不能手持一把佛教用的引磬，一進病房就說：「來！我們一起來念佛！阿彌陀佛，阿彌陀佛……」；也不要明知對方是嚮往往生極樂世界的佛教徒，卻跟對方說：「我們一起來虔誠禱告，呼求慈愛的天父，請天父帶領這位姊妹到您的國度。」關懷者要盡可能站在臨終者的立場，試著用對方的宗教信仰、對方的語言來說話。在對方臨終時鼓吹他信教，雖是一片善意，但極可能造成臨終者與親友的不愉快，甚至徒增不必要的衝突。

若臨終者沒有信仰，可以詢問他：「可不可以邀請您一起禱告？」「可不可以邀請您一起來念佛？」徵求臨終者的同意後才進行，會讓臨終關懷更圓滿。若關懷者對臨終者並不熟稔，則需先向周遭家屬親友打聽其宗教背景，信仰虔誠與否，以及值得稱讚的人格特質與生命經歷，這將使關懷更貼心、更有質感。

如果臨終者既沒有信仰，也不希望別人用宗教的方式來關懷呢？回到前文曾提及的，臨終關懷是在呼喚淨相。每個人內心都有美麗的嚮往，我們只要將美麗的相呼喚出來，也能幫助臨終者開心、放心、有信心。例如，面對一個為家庭、為社區盡心力的臨終婦人，我們可以對她說：

看到妳這一生對家人的付出，對孩子的照顧與教導，而且把孩子教得這麼好，這麼懂事，我們都相當的敬佩。妳不求回報地幫忙社區打掃環境，讓我們有乾淨舒服的生活空間，我們覺得能有妳這個鄰居是過去修來的福氣。妳的行為對社區的晚輩作了最好的示範，我們也會將妳過去對社區的關懷與行動告訴年輕人，讓大家可以繼續學習。謝謝妳留給家人以及社區的愛，相信妳這顆美麗的心會帶妳到妳想要去的地方，一個平靜、充滿喜悅的地方。

（三）關懷者需要穩定的情緒

到了臨終者的處所，先別急著表達自己想說的，可以先在外面安靜一下，給自己幾個由衷的呼吸，放鬆一下身心，或是誠心禱告一會兒。然後，再帶著溫暖的微笑走進病房，先花點時間了解病人的資訊，可以透過醫護人員或在場的親友了解病人的狀況，或直接探問病人。這些訊息有助調整事先預定關懷的內容，也可能在探問中帶來靈感，讓等一下關懷的話說得更深入對方的心。

我們要用什麼樣的情緒來面對臨終者呢？想想看，如果今天你是臨終者，你希望親友走進病房時帶著什麼樣的情緒？你希望他跟你怎麼打招呼？你希望病房的氣氛如何？一般來說，臨終者不會希望親友一進來，就如喪考妣地嚎哭或唉聲嘆氣，更不希望對方帶著怨恨、討債的情緒。臨終者可能會希望探病的人輕鬆一點，溫暖一點，不要太嚴肅，像平常一樣招呼就好。考量臨終者的心情來決定自己的身口意要如何表達，可以關懷得更有效、更有深度。例如，有一位媽媽表示希望她臨終時，女兒走進病房時是微笑的，要像平常那樣打招呼：「嗨，老媽！」然後抱抱她，用溫暖的口氣和她談話、談心，這樣她會比較舒服。

關於關懷者對臨終者應如何拿捏情緒，這裡以《奇蹟》一書的一小段文字作為說明。該書作者是腦神經科學博士吉兒・泰勒（Jill Bolte Taylor），她寫下因腦出血住院，受到醫學生的問診時的感受。這段內容有助於我們想像一位中風病患或虛弱的臨終者的身心狀況：

次日一早，我就被一名衝進來問病史的醫學生給弄醒了。她不知道我是中風病人，沒辦法說話，也沒辦法聽懂別人的話。

那天早晨讓我明白到，醫院的首要責任應該在於保護病人的能量層面。這個年輕人是個能量吸血鬼。她當時正在趕時間，而且顯然要來不及了。匆忙之中，她對待我的方式相當粗魯，令我覺得自己完全受到忽視。她說話像機關槍一樣快，還在我耳邊大吼大叫，把我當成聾子。我坐著觀賞她的荒謬和無知。如果她有點耐心和善意，對我溫柔一點，或許可以從我這裡多弄到一點病情資料，但因為她堅持要我去配合她的時間與步調，弄得雙方都不滿意。她的需索無度惹惱了我，我覺得和她在一起非常累人。

有另一位醫學生，他為我做神經檢查。當時我很虛弱，搖搖晃晃的，連坐都坐不直。但由於他的碰觸很溫和，而且很堅定，讓我覺得和他在一起很安全。他說話很冷靜，眼神直接看著我的眼睛，而且願意重複他的話。他很尊敬我，把我當人看——即使在這樣糟糕的情況下。我相信他一定能成為一位好醫生，希望他現在已經是了。

從這個例子我們可以明白，重病者的身心是很敏感的，需要旁人將心比心地對待，一個眼神、細微動作、說話口氣、說話速度、音調高低等，都要留心，否則沒有達到關懷的目的，反而讓對方遭受更多身心折磨。

（四）靜靜的陪伴

關懷者必須有耐心地接受「沒有聲音」的情形。也許我們會覺得臨終關懷就是要對臨終者說些什麼才叫臨終關懷，但其實靜靜的陪伴，也是一種無聲的關懷，傳達出我很關心你，我和你在一起，我和你一起面對，我給你支持的力量等訊息。因此，也不要因為不知該說什麼而焦慮，我們的瑟縮與焦慮會將緊張不安的訊息傳給對方。盡量輕鬆一點、放鬆一點，或是很坦白地告訴他：

我不知道要說什麼，但還是想表達對你的支持與陪伴。我想就在這裡靜靜地坐著陪著你，如果你有什麼需要請告訴我。

如果覺得彼此的關係還可以進一步，不妨詢問對方：「可不可以握著你的手靜靜陪伴你？」這種沒有言語的臨終關懷，也會帶來溫暖與支持的力量。

（五）關懷者可以哭嗎？

眼淚的意義是什麼？可能是難過、是不捨、是懊悔，也可能是感動與深愛。以前許多朋友告訴我，他們的親人過世時，家屬曾被告誡不能哭，否則會讓亡者產生情執而走不開，會障礙其往生。事後這些家屬留下許多遺憾，有的責怪自己，也怪罪他人怎麼可以這麼冷血，有的覺得心中的苦悶與思念沒有得到釋放。一個有情感的人類，見到親人的病況或死亡，掉眼淚是自然的情緒抒發。我認為最好不要有「不能哭」的壓抑心態，更不要威脅恐嚇家屬不要哭泣。我們的態度可以是：我知道你哭是因為你很愛他，很捨不得他。為了顧及現場的莊嚴，也為了照顧所有親友的情感，你可以默默地掉眼淚，但最好不要嚎啕大哭或搖動遺體；如果情緒即將潰堤，可以到外面好好哭一場。

人都需要情緒的出口，尤其是面對摯愛的親人過世時。淚水具有療癒的效果，可讓苦悶的情緒得到抒解，也可以讓其他流淚的親人感受到這份屬於親友與亡者的共同情感，並透過彼此的擁抱與安慰，而達到共融與支持的效果。哭泣可以讓比較傷心的人得到關注與安撫，減少日後的傷痛與遺憾。當然，也有人不會掉眼淚，因為他已超然地看待死亡，甚至為親人終於解脫而喜悅。所以，該不該掉眼淚，就順著內在的情感率真流露，不去壓抑或刻意為之才好。

隨堂練習

一、你曾經有過臨終關懷的經驗嗎？在讀了本章之後，再回想當時的情形，是否會說出不一樣的話、或想到其他關懷的好點子？

註一、'joined with the majority of people'，是老一輩的英國人常說的；現代年輕人多半用 'reunited with your loved ones'，和所愛的人團聚。

註二、這是我很喜歡的一句話。「你願意出現，這個簡單的事實本身，就是一項禮物」，出自珍妮佛・薩頓・霍爾德、簡恩・艾德瑞奇・克蘭頓（二〇〇六），《幽谷伴行：生命低潮期的心靈照護》，頁二一。

註三、陳武宗、王春雅（二〇一〇：一二八～一二九）提到「臨終病患通常體力虛弱，需人隨侍在側，病重時幾乎會類似於失能的狀態。這些照顧的工作是每天二十四小時、日復一日必須提供的，所以照顧不是一件輕鬆簡單的事務，需要耐心、體力、愛心、技巧以及有充足協助資源的工作。中華民國家庭照顧者關懷總會將照顧者常面臨的問題與因應的方法整理成「照顧者便利資訊 e 站」（www.familycare.org.tw/fcgnew/article_list.aspx）的資料，提供照顧者一些實用的建議：包括照顧者所需的照顧能力、與家人溝通的內容、及家人在照顧角色上的扮演與如何取得平衡。」

註四、《幽谷伴行：生命低潮期的心靈照護》中提到：「皮膚飢渴的嬰兒，未受到足夠的擁抱，會對情緒健康造成一輩子的影響。由於病人的親友可能因為厭惡他們的生理狀況，或是害怕被傳染，而避免與他們有身體上的接觸，使得皮膚飢渴也會發生在病人及老年人身上。」

註五、「殊不知聽覺是最後一個喪失的功能，即使病人的心跳呼吸都已停止，仍會保留一段時間的聽覺。林老太太聽到女兒不耐煩的說：『媽媽怎麼還不死？』一定傷透心，才會流眼淚。在臨床上常看到醫護人員在昏迷病人身旁，與家屬討論病情時，病人會突然發生心跳、血壓的變化，也正是表示病人聽到了而引起情緒的不安。另外有些不孝的子女會在瀕死的長輩床邊爭執遺產或吵架，病人也能聽見，會引起極深的傷痛。」趙可式（二〇〇七：九〇）

第七章

臨終關懷三步驟：開心、放心、有信心

當你這一生卸下重擔後，
就要回歸大自然的懷抱，
你將化為大地，
化為流水，化為和風，
化為陽光，化為遼闊的天空，
你將和天地合而為一，
和天地同在。

呼喚出美麗的相

臨終關懷有很多不同方法，例如前文提過的「道謝、道歉、道愛、道別」，或本書主張的「開心、放心、有信心」，其共同點都是創造出「淨相與淨信」，或說「美麗的相」。懂得善用這準則，關懷時就有所依憑，可說整個臨終關懷都圍繞在如何彰顯美麗的相，帶來正向力量這準則上。所以，臨終關懷時我們可以營造當下美好的相，談談過去或未來的美好的相，回憶臨終者在我們心中的美好的相，詢問臨終者心中有什麼美好的相，這些相能讓他產生開心、放心、有信心的心念。臨終者若能取到美麗的相，身心就易放鬆、放心、放下，這也是關懷者可以從旁協助的部分。

因此，在引導臨終者時，話語中可以加入含有美麗的相的詞句。如：「郭大哥！雖然你常說你沒讀什麼書，可是你從不缺課以及認真上課的神情，常打動我的心。還有，你把每堂課都錄影下來，說是為了課後好讓自己複習，但其實你也讓缺課的同學有持續學習的機會，而且也替我留下永恆的影像，我真的很感謝你。能認識你真好！」又如：「爸爸！每次看到你在教堂虔誠禱告的樣子，就感受到你與神緊密的連結，感受到你受到神的守護而聖靈充滿。我知道你已將生命都交給了主，我很放心。」

這些話語描繪出充滿美感的畫面，若能印契臨終者的心，將帶給他莫大的安撫、鼓舞與支持。

宗教是水平與垂直的整合藝術

以前念「宗教哲學」時，學到「宗教」的英文religion的詞源，就愛上了這個字的意涵，我覺得它精要地定義了什麼是「宗教」。美國賓州加利福尼亞大學教授艾利森（Grafton Eliason）在文章中提到，religion源自於拉丁字根religio與religare；前者是虔誠、依良心行事或謹慎之意，後者意指連結（Grafton Eliason, 2000）（註一）。因此，我將宗教的字義演繹為「用真心來連結」，這連結包括水平與垂直的連結。水平的連結指人際的連結，使人與人之間沒有距離，讓彼此的關係和諧，沒有對立、沒有征戰，一如許多宗教強調愛人如己，將每個人看成自己的家人，慈悲一切眾生，將眾生的苦難放在心上。垂直的連結則指自己與神、與天地、與宇宙、與佛菩薩的連結，讓自己的心更屬靈、更靠近神，與神同在、與神合而為一。我想，這樣的「宗教」定義，應是放諸四海的！

從宗教的定義來談臨終關懷，就不會只強調儀式，而是強調「關係」的處理與提升：如何解除此生各種負面的關係，重建好的關係，如何提升內心靈性的層次，達到與人、與神、與天地和諧的關係。

臨終關懷與諮商技巧

這裡所談的「開心、放心、有信心」的臨終關懷方法，雖是依據個人經驗所提出，但若從諮商輔導的角度來看，也頗能呼應諮商輔導的策略。

學者湯瑪與艾利森在一九九六年整合四十九篇包含四千五百位平均年齡為七十三歲的高齡者，採用死亡焦慮之綜合模式（Comprehensive Model of Death Anxiety；CMDA）進行高齡者死亡焦慮的研究，認為死亡焦慮與三個因素相關：（一）與過去關聯的遺憾：過去希望做到卻還沒做到，想要彌補卻還沒有彌補的遺憾；（二）與未來關聯的遺憾：因為生命有限，難免有壯志未酬身先死的遺憾，例如擔心家人未來的生活，無法繼續照顧他們；（三）死亡的意義：個人對生命循環與死亡的觀感，是指檢視此生是否有目的、有意義，以及是否為正向、圓滿的（艾利森，二〇〇〇；張菀珍，二〇一〇）。

艾利森提到，雖然很多治療技巧能有效應用在諮商過程，不過「生命回顧（Life Review）」、「生命規畫（Life Planning）」、以及「存在治療（Existential Therapy）」這三種方式，正好和上述的「與過去關聯的遺憾」、「未來關聯的遺憾」以及「死亡的意義」等三個面向相互對應，若能透過個人、家庭或團體諮商，合宜地運用前述三個方法，就可有效地因應死亡焦慮。人們在各階段都可能回顧自己生命，尤其在低潮期、老年期或臨終前，所謂「生命回顧法」便是幫助病人解決過去未完成的事，並以正面態度重建過去的事件（張菀珍，二〇一〇）。研究發現，案主參與生命回顧晤談，可使其統整過去的經驗並且達到滿意的標準，他們對生命的統整感與滿意感可降低其對死亡的否定與恐懼，增加對死亡的接受度，並且大體來說會變得較為健康、快樂（翁等，一九九四）。而「生命規畫法」是指個人預先規畫未來的有限生命，以避免或減少遺憾。這兩種方法在存在治療的脈絡中，可幫助當事人有效地處理過去與未來的遺憾，並透過自我覺醒與重新修正錯誤，進而明白個人的意義。「重新修正（Reframing）」這個方法，指的是幫助人們更了解生命本質與重建對自己的認同，修正對過去與現在的遺憾，重建對自己的信心與希望。以上幾種技巧都能夠幫助當事人重塑健康的人格，呼喚出對方內在美好的性格與回憶，發掘與肯定其自我價值與意義，藉此，幫助他有能力面對過去、面對未來、面對死亡，進而降低對死亡的焦慮與對未知的恐懼。

諮商技巧說起來很專業，不過，其實人們在對親友臨終關懷與悲傷輔導時，多少都已不自覺地用了諮商技巧，只是純不純熟、深不深刻而已。為了讓讀者更容易了解，如何以日常語言將諮商技巧應用在臨終關懷上，本文不使用專業術語，改以淺顯的「開心、放心、有信心」三步驟來說明，並標明各步驟的重點精神，同時提供多元的例子做為模擬參考。

臨終關懷三步驟：打開生命的廣度與深度

當一個人被稱為臨終者，意味著身體機能已衰退至生命末期，可能活動力減少，甚至只能臥床。有的人因為自主能力減少，身體被框限在小小的空間裡，不能自在移動，心靈也閉鎖在自己小小的時空中，鎖在身體的痛苦和放不下的苦澀記憶裡。此時，關懷者要如何幫他打開生命的廣度與深度呢？如何創造臨終者生命的意義與價值？甚至幫他有信心地面對死亡呢？

一、幫助臨終者開心

（一）唱歌、聽音樂

幫助臨終者開心的方法有很多，音樂是最容易切入的方法之一。在探望時播放音樂、帶著樂器彈奏、或伴奏唱歌、或清唱，可以唱歡樂的歌、臨終者喜歡聽的歌、令人感動的歌、有意義的歌、能激起正向力量的歌。唱歌可以抒解壓力，淡化苦悶，還可以改變當下的氣氛。

拜科技之賜，播放音樂變得方便許多，只要將音樂輸入手機等3C產品中，就可以隨處播放，不管是念佛、誦經、流行歌、聖歌、交響樂、輕音樂，都可以讓在場的氣氛迅速改變，並讓在場親友感覺放鬆、開心、溫暖。甚至當關懷者離開，旋律依舊在臨終者的腦海迴繞，這有助於轉移他對疼痛的注意，提振低迷的情緒。

音樂的節奏與旋律在人生最後幾日，聽來會格外動人。合適的音樂擁有觸及人心深處的力量，可以撫慰傷痛，帶來平靜，也能振奮心情。有時快節奏或重金屬搖滾樂，也有不可思議的功效，可以在過程慢慢發覺臨終者的喜好。

（二）其它感官的刺激

六根（眼耳鼻舌身意）中，除了聽覺的刺激能讓臨終者受用外，其他的感官刺激也不能忽略。眼睛的刺激：讓臨終者見到想見的人，或觀賞照片、影片。鼻子的刺激：可以帶臨終者喜歡的食物，例如咖啡、巧克力、某一道小吃，或是玉蘭花、沐浴乳的香味，有時光是飄散在空氣中的味道也能讓人心花朵朵開。不過，對做化療的病人，要避免使他噁心不適的味道。口腔的刺激：也許他已經不能進食了，但放一點點他喜歡的食物在口腔內，也能帶來某種程度的滿足。身體的刺激：亦即第六章提過的觸摸帶來的撫慰，包括衣服、床單與枕頭帶來的柔細膚觸等。意根的刺激，就是善用取相，這是臨終關懷三步驟的重點。

（三）說故事喚起過去美好的回憶

該如何擴大臨終者的時空呢？透過回憶，可以幫助臨終者超越當下時空的束縛。簡單說，就是要會說故事，說彼此都記得的往事，說過去一段有正向力量的回憶。可以談談你我他的舊事，談過去是怎麼結識的，或聊聊美好的年輕時光。如果臨終者是爸爸，可以問他當初是怎麼認識媽媽、怎麼追求媽媽的？問他年輕時經濟拮据，又要養一家老小，是如何度過難關？然後肯定他的愛心與他所做的一切。當事業失敗時，是什麼力量讓爸爸站起來？然後肯定他的擔當、有毅力。當然，也可以提印象深刻的趣事，例如關懷好友時，便可提起年輕的糗事：「還記得以前到台東海邊嗎？我們一群死黨見四下無人就集體裸泳。哇！那種被大自然擁抱的感覺超讚的，你還在水中放了一個超級響屁！」

故事說得好，會有奇妙的引力，帶領在場的人重溫過去美好時光，創造出輕鬆、溫馨、有趣、感動……等不同氣氛，使得聚會不沉悶，甚至深刻有意義。透過說故事喚起回憶，會很自然地勾起其他人心中與臨終者交會的美好回憶，於是一個接一個分享起來。只要把握「幫助臨終者開心」的原則，愈多人參與交流互動，關懷愈生動、愈豐富。對不知如何開口的關懷者來說，說故事是個很不錯的著手處。想好了要分享的故事後，開頭的句子可以是：

- 你還記得……嗎？
- 我想跟你說一件事，那是發生在……
- 你知道嗎，這幾天我常想到以前我們……

說故事的同時，也可以帶過去的照片或剪貼簿，甚至利用筆記型電腦、平版電腦或手機播放影音資料。分享美好感人的過去，除了可改變當下氣氛，也能讓彼此有更美好的連結。人很健忘，說故事能讓記憶再次鮮明躍現，即使是陳年往事。這些回憶在此時帶來歡笑與淚水，而這聚會又為彼此留下美麗的相。若臨終者已經不能說話了，我們也可在他耳邊溫柔地述說美好回憶。關懷者仍需將心比心，注意說話的口氣與情緒，妥善拿捏時間長短，避免說得太多，讓臨終者疲勞不適。但請注意，有時過去的回憶會牽動傷感情緒，若臨終者還有數天、數週以上的日子，也許情緒的宣洩有助於抒解恐懼、遺憾與苦悶，但若再幾分鐘就要離世，便不宜說得太長，應把握時間進入下兩個階段：放心、有信心。

（四）呼喚對方對未來的嚮往

還有一種幫助臨終者超越當下的良方，就是呼喚他對未來的嚮往。可以問臨終者對未來的願望是什麼：「再給你二十年（或五年、一年），你想做什麼？」「如果有來生，你希望在新的生命裡，完成什麼樣的願望？」對病重的人談一談夢想有什麼好處呢？有助於他乘「願」再來，有助於他內心充滿愛，對未來升起盼望而離脫軀體的囿限。

也許你會認為，跟臨終者談未來，聽起來有點怪！人都快死了，竟然還說再給他五年、十年。但據我觀察，通常會說出「再給我五年」的人，一定希望讓這五年活得更有愛心、更有意義、更無遺憾。這樣的話題可以讓臨終者將此生未竟的心願，化為對未來的嚮往，讓他脫離對當下的執著，乘著美麗的願往生。

（五）臨終不是受難者，而是可以給出祝福的人

健康的人常將「臨終者」視為弱勢者，用同情、可憐、悲憫、不捨的態度來關懷他。有些臨終者會覺得自己什麼也做不了，覺得自己百無一用、意志消沉。要如何幫助臨終者跳脫悲情角色，讓他覺得自己有用、有價值呢？如果臨終者是基督徒，可以告訴他：

你可以為大家祈禱，把手放在十字架上，祈禱你的家人能蒙神恩，祈禱世人都能平安喜樂。他們需要你的代禱，這是基督徒的重要工作。

若臨終者是個修行人，可以告訴他：

你可以用你修行的功德，迴向給家人，給一切苦難的眾生，讓這些認識與不認識的人都能離苦得樂。你可以在病床上依自己的修行法門繼續用功，並將功德迴向給在這家醫院受苦的眾生，迴向給鄰居朋友，迴向給一切受苦的眾生，願他們都能聞法得解脫。這個多苦多難的世間很需要你寂靜的祝福與迴向。

有次我去安寧病房探望一位七十多歲的男眾師父，護士說他心情有些憂鬱，希望我去關懷一下。進了病房，我很誠懇地向師父請法：「能看到師父真好！師父，我有一個問題想請您開示，我和身邊的朋友只要談到死就會怕怕的，會迴避不想談，請問師父要如何用佛法來面對呢？」師父一聽完便打開話匣子，操著外省口音慈悲地向我開示世間就是無常、色身也是無常的道理，還叮嚀我要好好念佛。我感覺師父因為慈悲的法布施，整個人都亮了起來，他在開示回饋中也溫習了法義，因此對信仰更堅定了。若是臨終者是一般人，也可以謙虛地向他請益病後心得，或他的人生智慧。透過這樣的方式，讓臨終者從被施予的角色，變成給別人祝福的角色，幫助他打開心量。

二、幫助臨終者放心

如果只是運用以上的方法幫助臨終者開心，顯然還不夠，因為過一會兒病痛襲來，這份開心就瓦解了，或關懷者離開之後就又覺得孤單落寞了，或當悲傷記憶洶湧沓來時又陷入負面情緒了。關懷者應如何幫助臨終者真正放心呢？

（一）了解臨終者不放心的內容

如果臨終病人主動開啟了死亡的話題，說：「我還不想死！」「我是不是快死了？」「我死了以後會去哪裡？」「如果我死了我希望……」，這時關懷者千萬不要迴避或轉移話題，因為他正需要有人跟他談死亡，談他對死亡的恐懼與認識，談內心還沒放下的事。關懷者可以試著探問，他放心的內容是什麼，詢問的例句如下：

- 你有沒有什麼事想告訴我？
- 如果你不介意說出來，我很想知道你現在感覺如何？
- 你的意思是……，可以舉個例嗎？
- 有沒有我可以幫得上忙的地方？
- 有沒有放心不下的事？願不願意告訴我還有什麼遺憾？
- 可不可以把你還想做的事寫下來？（如果他不想說）
- 有什麼話想要對家人、對朋友說？
- 你早晨一覺醒來時，最先想到的是什麼？
- 你目前最大的願望（恐懼、希望等）是什麼？

也許是不放心孩子還小、家裡的經濟來源、家人間是否和睦相處、財產還沒交代、工作能否有人接續等等；或是遺憾有些事還沒完成，該感謝的人還沒感謝，該致歉的人還沒有去道歉，該對某人表達愛的還沒有機會說出口，該對某人道別的還沒有機會道再見；也或許只是想要看看月亮，看看天空，看看以前住的地方，看看剛出生的小孫子。我們可以幫忙解決他不放心的事，若有做不到的，就帶著信心善巧地回應。電影「一路玩到掛」（The Bucket List）裡，兩位臨終病人寫下自己死前希望完成的人生清單，他們在身體還能自由活動時起身去圓夢，在一件件完成的過程中，內心得到很大的安慰與平靜，即使沒有完全圓滿每件事。凱斯勒（Kessler）在其著作《臨終關懷》中指出，當死亡愈靠近，臨終者表達及分享內心感受的需求就愈強，不管是病人或親友都要有表達的機會。照顧者是連接兩方的重要媒介，應該多傾聽臨終者的想法，一旦病人陷入昏迷，就錯失溝通的良機了。至於，關懷者要如何表達，才能讓臨終者放心呢？以下舉幾個例子做參考：

太太面對臨終的先生可以說：「請你放心，我會好好照顧孩子，讓他們成為有用的人。我也會讓孩子知道，他們有一個很棒、很愛他們的爸爸。」

兒子面對臨終的爸爸的安慰法：「爸爸請放心，我已經長大了，我會好好照顧好自己，也會好好照顧媽媽、孝順媽媽。我在你的身上學到很多，你的認真、謙虛、幽默感都是我要跟你學的，我會帶著你的教誨、你對我的愛，面對未來的挑戰。請你放心跟著佛陀（神）去吧！」

姊妹面對臨終的爸爸時：「爸爸！你知道的，我們姊妹平時都會互相關懷照顧，如果有一個姊妹生活狀況過得不好，我們都會相互扶持協助，請你放心。」

女兒可以這麼告訴父親：「爸！我覺得你現在好像就在天國的門口，主耶穌就在你面前等你。如果你想的話，就走過去。我會照顧老媽，我們一定撐得過去的，因為你已經教會我們了。」

面對放心不下孩子的臨終者，親友長輩可以這麼安慰：「不用擔心，神（佛菩薩）會守護你的孩子、引導你的孩子的，相信神（佛菩薩）的安排，神（佛菩薩）一定會做最好的安排，即使讓他遇到困難挫折，那也是神（佛菩薩）要讓他變得更強壯的試煉。你就放心將孩子交給神（佛菩薩）吧！」

長輩可以在臨終者面前肯定孩子：「這孩子很善良，在外面我常聽到別人稱讚他很懂事，我以有這個晚輩為榮，相信你也是。你放心，我會代替你看顧這孩子的，相信他會擁有你的優點，成為有用的人。」

臨終者懊悔過去對長輩不好時，可以告訴他：「我知道當時你一定不是故意的，你是因為那時生活壓力太大了，才會說那些話。」倘若長輩還在，則可以邀請他透過電話來向長輩表示歉意。若長輩已往生，則可以這麼說：「你可以在內心很誠懇地對他說對不起。真誠地說，相信他會接受的。」

若是經濟的問題，妻子可對臨終的丈夫說：「雖然我們的經濟狀況不是很好，不過我有幾位很要好的親友，他們都會幫忙的，社工師也會幫忙。孩子很快就會長大懂事，生活過得去，你放心地走吧，不用擔心我。以後，你在天上可以給我們祝福，我們會因為你的祝福而過得更好。」

工作同事對臨終同事可這麼講：「團隊成員因為有你過去的教導，加上你給他們實務經驗的鍛鍊，已經有很不錯的能力。放心把工作交給他們，他們會把工作做好的。」

以上例句，都是在呼喚臨終者心中最美麗的相，為即將告別的世間創造一個放心的相。假若臨終者沒機會與想見的人見面，關懷者也可以利用3C產品，將臨終者想說的話錄下來，轉交給對方。即使未能轉交，也能帶給臨終者有所交代的放心，這檔案對在世的親人也是珍貴的資產。

關懷者若能保持正向、傾聽、謙虛、由衷、放鬆的態度，慢慢地就會在過程中找到關懷語的靈感。促膝談話的時間愈長，就愈容易碰觸到內心，當彼此的信任及氣氛醞釀足夠了，就會開啟原本難以啟齒的話題。如果想觸碰臨終者深層的內心世界，還有一些可以啟動心靈對話的問句，例如：

- 這段時間讓我感到很惶恐，我不知道你有什麼感想。我有些顧慮想和你談談，也想聽聽你的感受，因為我沒有其它的管道可以得知。
- 我不知道別人會記得我什麼，我想應該是……。你呢？
- 你覺得你在你家人的心中是什麼樣的人？我覺得你在我心中是……。

（二）肯定臨終者的人格與一生的價值

對臨終者未竟的心願，關懷者通常會盡力轉達或完成，然而一定有幫不上忙的地方。此時需明白，並非一定要幫他完成心願才是成功的關懷，因為有些心願其實是臨終者終其一生也無法達成的，關懷者不需要因做不到而感到挫折，盡力後也要懂得交給因緣。所以，「幫助臨終者放心」的實踐重點，除了扮演協助完成心願的角色外，更重要的是對臨終者的人格與一生價值的肯定。

我們可以從自己對臨終者的認識來找例子，突顯他美好的人格，肯定他的一生，讓他感受到已經留給家人、同事、世間美好的傳承，沒有白走這一遭。這股肯定的力量，可能會讓未竟的心願變得不重要了。以下是幾則關懷者讓臨終者感受到愛的傳承，進而讓他放心的關懷語：

工作同仁對臨終的同事：「與你共事是大家最大的喜悅，還記得那許多加班的夜晚嗎？因為有你在，大家都充滿幹勁。年輕工程師最愛找你，最愛你的點子，愛你解決問題的妙招，你既有經驗又有智慧。團隊因為有你，我們的信心更為堅定。你做人的原則、工作的態度以及處事的精神，是公司伙伴學習的榜樣。」

朋友對臨終的友人：「你做事時無所求、不求回報，還有不居功，永遠謙虛學習的態度，是我們所有人都要跟你學習的。想到你就想到你的單純、你的謙虛，還有你待人的由衷誠懇。」

朋友對臨終的友人：「你對我有很重要的意義，我會懷念你的，懷念你曾對我說的話，懷念你在我困難的時候給我信心。我知道你不久就要展開旅程，當你準備好的時候，儘管放手，想著曾經帶給你快樂的事。」

孩子對臨終的媽媽：「媽媽！妳的愛永遠會在我的心中，我知道媽媽非常愛我。媽媽！妳留給我很多很棒的禮物，妳的待人處事，還有妳對我們的教導，都是媽媽給我的禮物，都是媽媽給我的愛。妳的愛會永遠留在我的心中陪伴著我，給我力量。」

如果臨終者沒有特別不放心的事，我們也可以說：「你好愛我們。我感覺到你每一句話，都在表達你對我們深深的感情。不管你在哪裡，我一想到你就會想到你給我們的愛。」

假若臨終的是丈夫，對妻女的未來很擔憂，志工或朋友短時間內不可能滿足他想讓妻女生活安頓的願望，這時可以請臨終者將注意力拉回自己身上：「我們都知道你很愛你的家人，但如果你對他們很擔心，你的家人也會很擔心喔！家裡的問題我們會請有關單位全力協助，你放心的去你想去的世界，以後你會變成天使在天上庇佑他們，讓他們的生活過得很順利。」

若病重者是年輕的媽媽，幼小的孩子正在旁邊哭泣，可以對這位媽媽說：「我知道妳現在一定很難過，一定急著想要安撫孩子。妳現在可以做的，也是最重要的，就是把心安靜下來。母子連心，當妳的心安靜下來，孩子就能夠感受到妳安靜下來的力量。」

以上只是舉幾個「幫助臨終者放心」的例子，我們身旁一定會有各種不同處境的臨終者，都可以依照這個原則來引導。協助臨終者完成未竟的願望，是成人之美，但萬事總難處處圓滿，學習接受世間的不圓滿，盡人事、聽天命，也是很重要的心態。有學員有感而發地說，有些親人的關係很難改善，真的無法修復，就只能說這是緣分。的確，我們沒有辦法圓滿所有的關係，即使達賴喇嘛與教宗也無法做到，但重要的是，臨終者要能接受與放下，如果願意，也可以祝福對方。另外，就是肯定其人格特質和生命意義，這會讓他感覺這輩子沒有白活而能夠放心。這種「放心」的穩固性，會比前一個「開心」更加深沉有基底。

三、幫助臨終者有信心

臨終關懷的前兩個步驟「開心」、「放心」，是幫助臨終者接納過往一生，進而放下對世間的種種牽掛，若以時間軸來看，是在處理過去與現在。但光憑這兩步驟，臨終者對時間軸另一邊——未來，即死後未知世界——的信心，恐怕還不足夠。臥床的臨終者想到自己即將往生，走入陰陽兩隔的世界，必定感到孤單、無助、恐懼；即使家人隨侍在側，但卻不能陪伴他一起死去。因此，在幫助臨終者有信心面對死亡這件事上，關懷者的任務就是啟動臨終者的信仰，看到未來是條光明的路、是個美麗的世界，是一條有愛的路，與佛菩薩同在，與主耶穌、天父同在，與祖先、聖賢同在，與大自然、天地同在。總而言之，就是讓臨終者明白死後將去一個他所嚮往的世界。

尊重臨終者的信仰，在其信仰基礎上，邀請他將心安住在最美麗的願、最清淨的信上（關懷者在未取得同意前，最好不要將自己的信仰強加於臨終者）；有人憑靠佛號、個人相應的神明，或是最純淨的心，有的向天主敬虔地禱告，將靈魂交託給主，讓肉體歸塵土，靈魂歸天主。

若他還可以說話表達，我們可以用以下的句子來輔助，探問他精神力量的來源，以進一步打開對話：

- 如果你信仰的神（佛菩薩）就在這裡，你有什麼請求？或你想跟祂說什麼？

● 你願意跟我們一起禱告嗎？我們可以互相為對方默禱；或是由一個人開始，另一個人收尾；或是由我來為我們兩人禱告。

● 你願意和我一起念這段經文嗎？或我念給你聽，然後我先說說這段經文給我的感覺，如果你願意的話，也可以說說看。

臨終者若有宗教信仰，可以依照其宗教背景為其提起正念、增加信心，若沒有，另有引導方式。以下分兩點說明：

（一）描繪臨終者信仰的神祇影像

（1）以天主教徒為例

讓我們敬虔地面對天主，愈是讚美主、順服主，就愈能感受到主的榮光。感覺到天主慈愛的光從天空照射下來，這道光是神對你的守護。在天主的面前，向祂謙卑地告解一生的罪，求主赦罪。因為你對主的順服與虔信，你這一生的罪將全部被赦免乾淨。你是天主保守的子民，是天主深愛的兒女，天主的慈愛正化為愛的光，照耀著你，守護著你。讓我們一起來讚美神，一起來感受神的愛，遍滿全身，充滿整個靈魂。放心地將生命交給天主，你必會在天主的國度得到永生的生命。

若有神職人員在場，可能會替臨終者進行敷油聖事。神職人員為臨終者敷油，治療心靈上的病，減輕神形之苦痛。其他教友則可為他「助臨終」、為他祈禱、唱聖歌，助他放下世間的一切，平安的回歸天鄉，安息主懷。若是面對臨終的基督教徒，關懷詞也可參考上述或參考頁一三七至一四〇。

（2）以念佛的佛教徒為例

身體是借住的，不是我們，相信你比我們還能體會。當我們心安靜下來，就能感受到佛菩薩的無所不在，佛菩薩就在我們的身邊，在我們的心中。感覺到佛菩薩的光從天空普照下來，照在你的身上，護持你的正念。現在心中默念佛菩薩的名號，專注在佛號上，並觀想面前有佛菩薩的相。佛菩薩就在你的面前，你只要一心念佛，求生淨土，佛菩薩將接引你到淨土繼續修行。在那裡記得迴向給你的親友，願他們能離苦得樂，一同往生淨土。

對於沒有宗教信仰的臨終者，有些長輩會說「你就要去天上做神（仙）了，記得要保佑我們。另外，也可以邀請他觀想所敬愛的人，能帶給他力量、勇氣與信心的人，也許是某位師兄姐，某位神職人員，也許是師長，也許是村裡頭的長老。邀請臨終者觀想這位敬愛之人的相，回想他所說過的智慧之語。當臨終者想到這個相，很奇妙地，這個相將會陪伴他，讓他更有信心面對未知世界。對沒有宗教信仰的人，關懷者可以指出一個讓他安心的去處，如提起他懷念的某位已逝的親人，可以這樣說「爸爸就在天上等你和他相聚，以後我們也會在天上團聚」。

（二）對大自然的信仰

信仰的對象，也可能是大自然或普世真理。例如許多原住民族信仰大自然與祖靈，深信肉體消逝並不是死亡，而是回到祖靈的國度。二〇一〇年榮登影史票房冠軍的電影「阿凡達」，就傳達了這種對自然的信仰。聖樹之靈伊娃是潘朵拉星球的神，納美人生活在伊娃的庇蔭下，相信死去的祖先都會回到伊娃的世界。主角葛雷博士身受槍傷躺在聖樹下奄奄一息，準備讓神（伊娃）治療，後來雖然博士仍傷重不治，但她臨死前說道：「我感覺到了，我跟伊娃（神）在一起了」。葛雷博士知道死後要去的地方，是個受到伊娃守護的世界，她顯得沒有恐懼，且是放心、喜樂地接受死亡，她相信會在另一個世界復活。當臨終者如此相信時，他在面對死亡與死後世界時，就不會惶惑恐懼了。

對於喜愛大自然的臨終者，我們可以這樣引導：

請把眼睛閉起來，現在邀請你置身你曾見過的最美麗的山林中，想像你化身為厚實的大地，無所求地承載萬物，想像你就像森林裡巍巍的大山，無所求地滋養萬物的生長。看到那高山上的水源地，那山頭水源的水，好潔淨、好甘甜，就像你的心一樣，本來就是純淨無染的。感覺森林裡的風無所求地吹拂，像是吹走了你所有的煩惱與負擔，讓整個身心變得像風一樣輕盈、流動，像風一樣在天地間自在遨遊。感覺太陽無所求地照射光芒，你將化為陽光無所求地帶給世間溫暖，給世間光亮。感覺夜空的星光閃耀，你將化為在暗夜裡閃亮亮的星光，守護著你所愛的人。感覺天空的浩瀚無邊，你將與虛空同在，與虛空一同呼吸。當你這一生卸下重擔後，就要回歸大自然的懷抱，塵歸塵，土歸土，你將化為大地，化為流水，化為和風，化為陽光，化為遼闊的天空，你將和天地合而為一，和天地同在。當我看到大地時，我就想到你；當雨水降落時，我就想到你；當一陣風迎面吹來時，我就想到你；當我仰望天空時，我就想到你。你將和天地一樣無所不在。

如果臨終者喜歡親近自然，我們用這個相來引導，便能快速地幫他跟天地連線。許多學員接受這樣的引導後，分享說他進入與天地同在的感覺時，頓時醒悟生死一點也不是問題，因為在大自然的生命裡，人類生命就像流星劃過天際般短暫。契入了天地的心量，他便放下了對身體、對生死的執著，坦然接受死亡只是回歸大自然的過程，最後與大自然同在。

「幫助臨終者有信心」這個步驟，說穿了也是在營造未來美麗的相。依著相，虔誠的基督徒不會怕死，因為死是蒙主寵召、安息主懷；信心堅定的念佛人也不怕死，因為死後將在彌陀淨土裡重生；禪宗的信者也不怕死，因為本來無來也無去，無生也無死；信仰自然的人也不怕死，因為死是塵歸塵、土歸土，回到大自然的懷抱；信仰真愛的人也不擔心死，死後就像是太陽光那樣，繼續無所求地照耀世間，把愛灑在世間。

隨堂練習

假想一個臨終關懷的對象，可以是你的親人，也可以是素未謀面的陌生人：

一、該用什麼樣的話語、活動，幫助對方開心？

二、該用什麼樣的話語、活動，幫助對方放心：

三、該用什麼樣的話語、活動，幫助對方有信心：

註一、許多宗教哲學的書提到religion是來自拉丁文religare，是「束縛」或「聯繫」之意，如陳百希（一九九二）編著之《宗教學》即如是說明。

第八章 因為愛，生命不死

當深愛的人死了，
心底的黑洞其實不是那樣噬血無情。
或許只要將心安頓下來靜靜默想，
等心神澄淨了，將發現那深不見底的黑洞裡，
會閃耀出點點星光。

前兩章說明了臨終關懷前的注意事項，以及關懷三步驟，但將這些原則統合起來運用到真實人生時，可能會遇到許多挫折。不過，只要願意踏出第一步，不管在現場說得好不好，收穫最多的一定是自己。我的生死學課程進行到此階

段，必定會留一節課讓學員實際演練，每個人要扮演臨終者及關懷者兩種角色，兩者的體會截然不同。演練後，大家都有超越性的收穫，更清楚未來探病時要注意臉部細微表情，身體姿勢如何擺放，怎麼觸摸病人，語氣應如何調整，如何有層次地引導才能帶給臨終者開心、放心的感覺。許多學員扮演臨終者之後表示，在聽到關懷者引導到第三步驟，提到神或佛菩薩或是光……等屬於靈性層次的「相」時，瞬間會得到莫大的安定感。他們表示，兩種角色都扮演過後，更能了解臨終者的心情，也更加明白如何稱職地關懷他人。

接著，我以親身經驗的例子，來分享臨終關懷與悲傷輔導的技巧運用，算不上最好的方式，但都是當下真心的表達。以下三個故事，「你的出現就是一份禮物」說明臨終關懷的三步驟與身體觸摸的功效；「失火了」是安慰面對女兒意外往生的母親，引導她取淨相；「暗夜騎車的遊子」則是對面臨喪母之痛的中年人的悲傷輔導。

你的現身就是一份禮物

樹德公司的董事長來電說，郭爸又住院了，癌症已經轉移多處。兩年前郭爸動胃部切除手術前，我曾探望過他，這兩年來他進出醫院多次，受盡各種治療的折磨。接到電話後，我就計畫找一天去看他。

探病之前，我先在醫院附近的麵店吃中餐，但沒想到麵裡放了很多我所忌諱的蒜頭。我很不喜歡蒜頭的氣味，而且等一下還要到醫院做關懷，真傷腦筋。為了不讓濃重的氣味令病人不適，我買了口香糖嚼了好一會兒，消除蒜頭味，才上樓去。

在我之前，已有郭爸的幾位同事來訪。原本我擔心郭爸被打擾了好一陣子，會不會已經累了，但一想到「你的現身就是一份禮物」這句話，還是決定把握機會進去探望。進入癌症病房，見到郭爸在病床上闔著眼，那光頭與瘦弱的身形，讓我一下子認不出來。郭爸可能意識到我進來了，便張開眼，我就說：「郭爸！真開心看到你。」我在床沿坐下，自然牽起他的手，他也順勢握著我的手。我先確認他會不會太疲倦，以及我的位置不至於讓他感覺不舒服後，才開始談話。這兩年來，郭太太持續經營早餐店，大女兒原本就在這家醫院當護士，小女兒最近也考進這間醫院做行政工作。家人都能照顧自己，不需他擔心，在醫院工作的女兒們還能每天探望爸爸。我告訴郭爸：「這是你上輩子修來的福報，如果孩子都住國外，你們就很難見面了！太太、女兒在你生病這段期間都一直陪伴在身邊，這是很幸福的，很多人都求不到。」「郭爸，你這輩子為家庭做很多，孩子都大了。」太太接著說：「他還是放不下！」我開玩笑說：「是不是擔心老婆太年輕？」結果郭爸笑著說：「對啊！怕她跟人跑了！」大家聽了笑成一團。

我問他，這輩子有沒有特別懷念的事？例如孩子還小的時候，或是剛認識太太時？他說不知道，沒有想過。於是我將話題轉開，告訴他，三年前看到郭爸在公司搬鐵櫃，那鐵櫃好重，連我都抬不動，郭爸卻連搬好幾個，當時就覺得郭爸是個非常認真勤快的人。郭爸說，工作就是這樣，要認真才行。

我問他：「最近好睡嗎？會不會常作夢？」他答道，剛進醫院時常作夢，但現在已可一覺到天亮，若隔壁床太吵，就聽音樂。他拿耳機給我聽，MP3裡頭正播放著大悲咒，這讓我知道等一下要以哪種宗教來做靈性關懷。

郭太太提到現在都用吩坦尼貼片止痛，每六小時換一次。我好奇地問：「那很方便耶，我可以看一下貼片長什麼樣子嗎？」他很大方地打開衣衫，我摸著他因消瘦而突起的胸肋，又摸摸貼在肋骨中間的兩片止痛貼片。有時撫摸身體可以為病人帶來安慰，在經過他的同意後，我就將右手掌平貼在他胸膛中央，

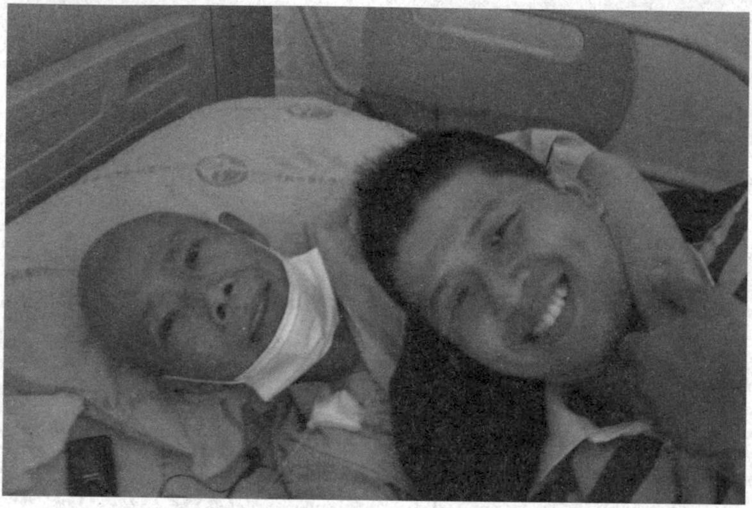

並請他閉起雙眼：「郭爸，我們一起來練習以前上課教的。輕輕地吸氣，慢慢地呼氣。」郭爸閉上眼很認真地練習，一開始呼吸的起伏很大，漸漸地進入狀況，變得平順有韻律了。我帶著他從頭到腳將身體肌肉放鬆，接著引導道：

感謝身體所有的眾生陪我們一輩子，他們無怨無悔地工作著，腸子認真地消化（沒提到胃是因為他的胃已切除），肺臟很認真地交換呼吸，如果是肺部出問題，那現在呼吸就會很喘，感謝肺部讓我們可以好好地呼吸。……感覺觀世音菩薩就在上方看著你，菩薩面帶著微笑，手持著淨水瓶，又拿起了楊柳枝，將甘露水從天空灑下來，灑在郭爸的身上，甘露水讓全身變得清涼、平靜。不管未來發生什麼，觀音菩薩都會守護你。……這輩子你做了很多事，也學習到很多，你很盡責地將該盡的責任都做完了。不管未來會發生什麼，佛菩薩都會在前面引導著你，未來你將到一個很平靜、很美麗的世界，未來家人也都會去到那裡。……感覺在虛空中的佛菩薩綻放光芒，照亮了這間病房，光明照在郭爸的身上，也照在郭爸的心上，讓郭爸的心充滿光明，用光明的心面對一切。

我感覺郭爸很安靜地享受每一次呼吸，於是我也靜默一陣子不出聲。一會兒，我說：「等一下我的手會拿開，但是菩薩的愛仍在郭爸的胸膛上。」他微微點點頭，不久張開眼睛微笑說：「好舒服，喔！好舒服。」我稱讚他很進入狀況，並提醒他：「其實只要注意力對了，就會很平靜、很舒服。你可以常常做這樣的練習。」

我們大約互動了四十分鐘。離開前我提出一個邀請：「可不可以和郭爸拍照？」郭爸擔心道，他這樣子可以拍照嗎？我答：「可以的！每個人都會碰到困難，碰到身體出狀況的時候。但重要的是面對困難的態度，郭爸面對病痛很勇敢，這就是最好的示範。」於是我整個人躺在郭爸的身上讓郭太太拍照，他笑著直呼：「老師好重喔！好重喔！」然後他順勢舉起左手抱我，此時我感到主客互換了，郭爸已不是讓人照顧的角色，而是守護別人的角色，我很享受這個時刻。就這樣拍了三張照。要離開前，我又提出一個要求：「我要親你一下再走！」他竟然沒有拒絕而是問我：「要親哪裡？」我在他的額頭上深深一吻，並告訴他：「我們都留下彼此最美麗的回憶。」我帶著微笑與溫暖走出病房，我相信郭爸的心情也和我一樣。

兩週後，郭爸離開了，靈堂設在台中市火葬場。一進靈堂我就笑了出來，因為遺像中的郭爸英姿煥發，面帶燦爛笑容，我看著遺像，彷彿彼此含笑相視一般。我閉上眼，合掌向郭爸感謝他的教導，並祝福他在菩薩那兒好好修行，這瞬間我看到觀音菩薩，祂面前有蓮花綻放，而郭爸站在蓮花裡，回頭對著我笑好像是要我們放心。一週後我到同樣地點，恰巧郭太太和兩個女兒都在靈前摺紙蓮花。郭太太說她真的很感謝郭爸，他將一切都安排好了，不讓家人操心，他的物品都歸類得很整齊，就像他的為人一樣，很有規矩，連後事也坦然參與討論，讓家裡人感覺一切都很圓滿。郭太太提到後來郭爸一直住院沒回家，家人簽了放棄急救同意書。當護士的女兒在郭爸離世前三天跟媽媽說，爸爸可能要走了，我們一定要和爸爸談死亡的議題。於是郭太太鼓起勇氣對先生說：「你怕不怕死？」他瀟灑地說：「不會，就是兩腿一伸而已啊！我比較擔心妳，是我對不起妳，讓妳吃苦。」接著他們相擁而泣並且互相安慰，郭太太說：「我要謝謝你把孩子教得這麼好，這麼懂事。你很勇敢……」她又問：「你以後在天上要保佑我們喔！」郭爸溫柔地回答：「不保佑你們，要保佑誰！」接著他們一起討論後事，骨灰就放在家附近的納骨塔，靈堂要什麼樣子，照片要選哪一張……一切都在過世前安排好了。

那天，午飯後郭爸說要好好休息一下，就這麼在睡夢中離去。之後，家人按部就班處理喪事，沒有一點慌張，而且對郭爸、對這一切的安排充滿感謝。我和他們提到上週來靈堂合掌時，看到郭爸在菩薩面前的蓮花出生的景象，他們都開心得掉下眼淚。郭太太說她夢到郭爸，他很從容地對她笑，好像在說他過得很好。郭家一家人在臨終關懷上做了很好的示範，讓往生者善終並且讓生死兩相安，這不僅要有福報，也要有智慧。

失火了！

「老師，我這一生和淇淇的緣分就到今天了！」接起突如其來的一通電話，阿芳劈頭就這麼說。當時晚上七點多，我剛結束和四位台中文山社大學員的訪談，正要和老朋友吃飯。

和先生一起經營泡棉工廠的阿芳，那天和大女兒、么女回大甲探望剛開完刀的大姊，先生則和二女兒淇淇留在工廠。沒想到回到家才知工廠失火，淇淇燒死在裡面，阿芳打電話來時，消防車還在滅火，她沒法進去看。「我現在要怎麼給淇淇引導？」電話中阿芳很鎮定，完全不像一般人面對意外時的慌張。我想高溫下身體大概很難保全，為了讓阿芳能超然看待孩子的身體，我說：「觀想天空中有觀世音菩薩，從天空照一道光下來，將淇淇帶走了，現在在工廠裡的只是淇淇的身體，真正的淇淇已經被菩薩帶走了！」淇淇以前跟菩薩很有緣，我想菩薩會引導她的。「我可不可以哭？」她問。「沒關係，想哭就哭，但要帶著祝福的心。」我問她後事有沒有請人協助，她答沒有，並問能否麻煩我經營葬儀公司的妹妹。我立即打電話叫妹妹趕去協助，妹妹驚訝地說，就是新聞正在播的失火工廠嗎？我說應該是吧！

出事的前一週，我才和阿芳及她大女兒、么女用餐，她還談到台中市政府要重劃這塊地，他們計畫在年底搬家，如今已來不及了。當我開車抵達火災現場，發現車道封鎖，消防車灌救已近尾聲，路上一片濕，餘燼與煙霧使空氣瀰漫著焦味，四周有許多圍觀者，及一群慈濟師兄姐。所有家當付之一炬，還失去了一個女兒，而先生嚴重燒傷，已送往加護病房。我站在她家門前看著眼前的慘狀，這泡棉工廠躋身一排鐵皮工廠中，廠房已燒到塌陷，屋前兩輛車也燒毀。不管過失在誰，後續的訴訟與賠償事宜，絕不是件輕鬆的事。

我抵達前，淇淇的大體剛被救護車運往市立殯儀館，於是我也前往。到了殯儀館，妹妹在門口等我，她說是她和另一位工作人員從現場將淇淇的大體搬出來的，淇淇全身燒得……不過阿芳沒看到，已經以屍袋封起。我走近阿芳，她望著我苦笑，我回以寂靜與心疼的微笑，沒有說話，張開手臂把她抱得緊緊的，她在我肩上哽咽地哭了起來，我繼續靜靜地抱著她。她說：「她是一個很天真、很懂事的女孩，她這麼善良。」我回答：「是啊！她真的是。」「她昨天還陪我打坐，她這麼貼心，為什麼這麼小就離開了？」我說：「就是因為她這麼天真、這麼善良，菩薩也很喜歡她，所以要把她帶走，帶她去修行，帶她去幫助更多人。」阿芳哭過後，收拾情緒，對工作人員鞠躬表達感謝，並表示發生了就應該面對，要相信因緣。

因為稍後大體就要進冰櫃，工作人員問阿芳要不要打開袋子看女兒。我想，能不看就不看，因為那模樣恐怕會烙印在阿芳心上，不好淨化，於是我問她：「妳覺得淇淇希望媽媽看到的她是什麼樣子？」「是很漂亮的，像小公主！」我又問：「那妳希望妳想到淇淇時她是什麼樣子？」「是她的天真、可愛、漂亮的樣子！」我繼續說，真正的淇淇已經跟菩薩走了，眼前的淇淇只是個身體，身體都會老、病、毀壞，都是地水火風的組成，終究會化為塵土，每個人都一樣，所以淇淇也是。後來阿芳決定不看，把最美麗的相記在心裡。

大體入冰櫃前，我請工作人員稍等一下，我希望能和阿芳做些道別與祝福的動作。我左手放在淇淇的頭頂上方，右手朝上，觀想菩薩的光從空中照下，然後右手牽起阿芳的左手，請阿芳右手掌朝上，感受菩薩的光從天而降的加持，一起禱念祝福的話，後來阿芳也在淇淇耳邊溫柔深情地說道：「妳是一個很棒的孩子，謝謝妳這一生給媽媽的……，妳就和菩薩一起……。」我們帶著祝福的心情向淇淇道別。

回到家已半夜兩點多。睡前靜坐時，我以最由衷誠敬的心祝福他們一家人，也祝福淇淇靈性平安、寂靜自在。可以想見，日後阿芳要面對的重任還很多，包括照顧嚴重燒傷的先生，陪他進行漫長的復健，照顧兩位成長中的女兒，培養她們正面的人生觀，並重建自己的家園。雖然阿芳面對這些困難時大多能正面看待，也給孩子做了很好的示範，但後面還有極為艱辛的路要走。

事發一個月後，她告訴我：「我很想念淇淇，但旁邊的人都告訴我不要難過，他們又不是我，怎麼知道我的苦。」從這段話可以得知，旁人在表達安慰時需要將心比心，切忌壓抑當事人傷痛情緒，因為如此反而會讓傷痛更難癒合。我告訴她：想哭就哭，想傾訴也可以找個有正向能量的人傾訴，另外也可以將對淇淇的思念畫下來或寫下來。未來，阿芳的負面念頭與情緒還需要更大的力量來支持。幸運的是，她有幾位好友可以吐露心聲，也有心靈團體在旁打氣，我能做的除了電話關懷、尋找更多元的支持系統之外，便是寂靜的祝福了。

暗夜騎車的遊子

在協會舉行的電影討論會終於在晚間十點結束，送走學員後，我嘀咕著要趕緊上樓為明天的課程做準備。正要拉下鐵門，突然發現一位中年男子在門口探頭探腦，一問才知他是從彰化市騎車來台中找我的。他說有一家麵攤老闆介紹他來，說我是個可以談心的人，所以就來了。他說他八點就到了，一直等到現在，不敢進門。我一聽，立即熱誠邀請他進來。

他從漆黑的門外踏進玄關，燈光照在他身上，皮膚卻反射不出一般人應有的光澤，盡顯暗沉頹喪，還發散一股酸味。這味道好久沒聞到了，像是我在多年前探訪行動不便的獨居老人時，剛跨進房門時經常聞到的味道。他的外表與氣味雖不討人喜歡，但卻很清楚地向我表明他曾經歷一段難熬的歲月。

站在鞋櫃前，他等不及地述說心中的苦悶。他母親一個多月前往生，他對母親的死一直耿耿於懷。母親原本身體硬朗，卻在九個月前被醫師誤診為癌症，醫師還恐嚇母親病情很不樂觀，一定要做化療、放療。醫師疾言警告的話語揮不去似地糾纏著母親，原本樂觀的她變為驚恐度日。他又說：「在長達八個月治療的日子裡，爸爸依舊對媽媽很不好，就跟以前一樣，每天三字經伺候。爸爸還命令媽媽躺在床上不准起床、下床，說這樣才能好得快。媽媽躺久了會很難受，有時才挺起身子舒展筋骨，就遭爸爸一頓責罵。最後幾個月，爸爸竟然希望媽媽趕快死，說家裡經濟快負擔不起了。爸爸主導媽媽的治療，我告訴他，媽媽說她不要做化療，但他就是不聽。」「是我不好，是我沒用，我沒有勇氣阻止爸爸對媽媽不好，我沒有能力說服他不要讓媽媽做化療。」他低著頭沮喪地嘆了一口氣：「現在再也沒有機會見到媽媽了！」

抒發至此，他整個人像洩了氣般，頭和肩膀都垮了，幾乎撐不起那瘦弱的身軀。母親在他心裡應該占了很大位置，母親逝去了，心中那塊屬於母親的版圖也空掉了，心像是破了個大洞，所有能量全給那深不見底的黑洞吸噬抽乾，整個人失去神采，只剩下乾癟的靈魂支撐肉體苟延殘喘。看著這位失魂落魄的中年男子，面對這團糾結的愁苦，我可以為他做什麼呢？

我請他坐下來，溫柔地看著他，輕聲問道：

「你對自己是不是很自責呢？」

「是！都是我不好。」

我想，可以嘗試喚醒他深埋心中的對母親的美好記憶，便道：「你可不可以和我談談媽媽平時的為人？媽媽有什麼讓你欣賞、感動的地方？」沒想到這句話真的啟動了正向的開關，他起勁地向我說：「媽媽對每個人都很好，她不會看不起人，村裡每個人都很喜歡她，不像爸爸那樣只對外面的人好，對家人卻很壞。我每到週末回家，最想念的、也最開心的，就是可以看到媽媽，吃媽媽煮的菜。其實，只要看到媽媽就很開心，媽媽是世上對我最好的人。」

他興奮地說了一大段，我內心隨之歡呼起來。接著我又問他：「媽媽這麼愛你，會希望看到她親愛的兒子有這麼深的自責嗎？」他很肯定地說：「不希望！」話才說完，他反而惆悵地呢喃起來：「媽媽往生時好孤單喔！爸爸都不讓媽媽在家裡多待一會兒，就送到殯儀館了。媽媽的遺體和靈位就這樣孤獨地在外面流浪，死了還被丟在外面受苦，好可憐喔！」

我靜靜地聽他說，心想這位仁兄又滿腦子負面念頭了，要怎麼幫他轉念呢？倏地閃過了一個靈感，我笑著搖搖頭說：「你會覺得媽媽很孤獨，是因為你自己很孤獨。媽媽的孤單是你自己的投射。如果你很開心，你也會覺得媽媽很開心。」這段話他點頭表示認同，似乎聽進去了。我繼續說：「媽媽不在殯儀館裡，媽媽不在靈位上，媽媽就在——就在你的心裡。」我頓了一下，自問自答道：「因為剛才我聽了你說的這些話，感受到你對媽媽有很深很深的愛，也感覺到媽媽很愛你。你看，你剛才在述說媽媽的好的時候，整個精神都來了，那表示媽媽一直鮮活地活在你的心裡。媽媽留給你很多很棒的禮物，她的為人、待人處事，還有你記憶中媽媽種種的美好，都是媽媽給你的禮物。她的身體雖然不在了，但愛一直都在。」

沒想到這幾句正面的話語，句句叩響了他的心靈之鐘。他回神了，驚訝地睜大了眼，嘴角揚起淺淺的笑，說：「真的嗎？媽媽不在外面？」他停頓一下，接著，手撫心窩更添信心地說：「對！媽媽在裡面。」

看到他宛如惡夢初醒，我乘勝追擊：「媽媽的離開是一種成全，她希望不要再造成家人的負擔，不管是精神上的或金錢上的；她不要讓你和其他家人的關係再惡化下去。你也要成全媽媽的心意，不要再埋怨家人了。媽媽離開是因為時間到了，因為這一生該還的都還完了，該受的苦都受完了，該結的緣都圓滿了。現在，她要繼續她新生命的旅程，你可不可以給她祝福呢？如果你還放不下，媽媽也會放不下喔！」

我帶著神祕表情與溫暖語氣問他：「如果媽媽就在你身邊，你希望媽媽看到你是開心的嗎？」他眼神一怔，脊柱隨即打直，又多了幾分信心，說：「是開心的！」不過他接著說：「我已經失業一陣子了，像我這種四十多歲的人，很難再找到工作。」哦！換話題了，然而這是值得肯定的，表示此刻他願意面對現在與未來，不再陷溺於過去。我暗忖，該怎麼給他信心去面對現實生活呢？如果能讓他看到生命可資努力的方向，看到自己的進步，他一定會開心起來，說不定還能加強信心。我看著他虛弱的身體，心想也許可以從這裡開始。「只要你的身心準備好了，工作的因緣就會來；如果身心還沒準備好，即使工作來了，也無法勝任。你的身體不太好，筋骨很僵硬，胃腸功能也很差喔！」

「你怎麼都知道？」

我在心裡笑著，其實一般人也看得出來。

我請他給自己訂一個改善健康的計畫表，要像運動員一樣每天按表操課，先從做得到的開始，先求有，再求好，每天進步一點點，而且不要看不起這一點點進步。沒想到這建議讓他回想起中學時代，當時他還是體操選手哩！「那時候我還曾受邀到體院指導那裡的學生呢！」他得意地舉起雙手比劃著體操動作。

「很讚喔！你有很好的運動天分，只要每天練習，身體一定會愈來愈健康。」

十一點多了，夜色漸深，不能再談下去了，他還得騎好一段路回彰化呢！臨別前，我握著他的手，撫著他的背，心想：「我知道不能期待這樣的對話，會帶給你多少支持力量，但衷心盼望這短暫的停留，能讓你有一點信心往下走。」我目送他騎著一二五的舊摩托車，消失在深夜的街道盡頭。

降下鐵門前，我仰望蒼穹，發現，深夜讓星星更顯明亮了。我若有所悟地想著：當深愛的人死了，心底的黑洞其實不是那般噬血無情。或許只要將心安頓下來靜靜默想，等心神澄淨了，將發現那深不見底的黑洞裡，會閃耀出點點星光，那是母親美好人格與甜美回憶所化成的星光，將在他人生的黑夜裡熠熠閃亮，永遠守護暗夜裡騎車的遊子。也許此刻他也看到了！

隨堂練習

一、如果你有機會實際關懷臨終者，可試著參照前兩章的關懷原則來演練，並將過程及心得寫下，愈詳細愈好。

第九章

我的告別式

我在我的遺像前告訴自己：
不管怎麼樣，
你已經活出最好的你了。
我想告訴我的家人：
我好愛你們。

大家應該都參加過告別式。參加告別式就是來送行，祝福往生者一路好走，也給親友、遺眷一些安慰。現在，讓我們來想像，如果這裡有場告別式，是你的告別式，躺在棺材裡的那人就是你，靈位上的那張遺照也是你，來參加告別式的人都是你的親友，你有什麼感受？你希望他們帶著什麼樣的心情來送你？你覺得自己在他們心中是什麼樣的人？

當你發現這是自己的告別式，是會思忖這麼一來，就得跟這輩子的成就榮辱、雄心壯志說再見？抑或是升起對家人、朋友的不捨？在處理複雜心情之前，我們先釐清一個觀念：你的存在，是帶給身邊的人正向影響，還是負向影響？

相信生命會自己找出路

不要以為自己在家裡就可以照顧小孩、就可以照顧媽媽；不要以為充滿貪嗔痴的自己有那麼重要，重要的是你的心是否充滿慈悲喜捨，而不是因為你的存在。你的存在，很可能是別人成長的障礙。一定要走出來！相信「我」的不存在，別人才有更多成長的空間。放下吧！放心吧！（大卿導師，二〇〇四）

這段話，讓我省思自己的存在與他人的關係。不要以為自己活著才能照顧好家人，或以為他們都很需要我，說不定真相是「其實我很依賴他們！」「事實上是我需要他們來證明我的存在。」我們常會以為「我很重要」，所以捨不得離開家裡一、兩天，擔心我不在老公小孩就過得不好；或是身為公司重要幹部，就認定部屬很需要我，公司沒有我不行。事實上，也許你的存在會阻礙他們成長，你不存在反而讓他們有機會進步。

我在課堂上問學員：你覺得你現在死了，可以對家人、對工作放下心的，請舉手。一位六十多歲的阿嬤學員舉手，她的話讓大家有所頓悟：

> 我常常覺得我已經放下了，因為孩子都大了，先生也老了。我覺得以前自己擔太多子女的心，把他們的福分都擔掉了；其實要放手，讓他們去闖、去體驗，不管好的壞的都讓他們去闖。我只是祝福他、關心他，這樣就夠了！我現在就是把自己照顧好，這樣就夠了！

我不存在，別人會有更大的成長空間

我曾辦過幾期禪修，每次為期七到十天，學員都要離家住宿在禪修地。有些學員是媽媽，才來兩、三天就非常掛心孩子。其中一位說：「以前都是我陪伴孩子，孩子每天生活起居都需要我照顧，不知道這幾天他有沒有吃飽？」「我先生沒有我一定會很寂寞，誰幫他燙衣服呢？」後來這位媽媽提出中途返家的請求，她說家人不能沒有她，她丟下他們太不負責任了。

我們反問她：「他們知道妳中途跑回去，會覺得妳是在表達對他們的愛心，還是在表達擔心？妳覺得孩子會希望妳是脆弱的、不勇敢的媽媽嗎？會不會是妳也很依賴他們？」「有沒有可能將這次的機會，當作是讓彼此獨立成長的機會？意外死亡隨時都會發生，但這次妳只是死十天，而且回去後妳變得更有定力、有耐心，這樣不是更好嗎？」結果她決定留下來圓滿禪修。幾天後她告訴我，當她回到家，雀躍地打開門說：「我回來了！」時，家人只是回答：「喔！妳回來啦。」孩子很開心看到媽媽回來，但仍盯著電視螢幕邊唱邊跳，跟她想像中會衝過來緊緊抱著自己說：「媽，我好想妳喔！」的場景完全不同。而先生則說：「晚餐已經買了放在餐桌上，等一下可以準備吃飯了。」她頓時醒悟，我沒有那麼重要，如果有一天我死了，地球還是會繼續轉動，我相信家人會想辦法存活下去，他們並非我想像中那麼脆弱，是我將內在的脆弱投射到他們身上。突然間，她內心深處的那份擔心放下了。

正向取角，相信自己的不存在會令親人有更大成長空間；也許他們在短時間內難以適應，但在分離過程中，還是會慢慢學會照顧自己，漸漸強壯起來。就算無法在旁照顧他們，還是能透過禱告、迴向，送出對他們的祝福和愛。身心愈放鬆愈安靜，就能送出更有品質的祝福，讓他們在冥冥中得到照顧。

行前準備一：做正向的示範

如果臨終時能示範出安定、自在的模樣，無形中將給家人帶來安穩力量，家庭氣氛也會變得平靜從容。許多基督徒在臨終時不但毫無畏懼，喜樂面對，甚至身旁還有教友唱歌歡送，因為臨終者就要去天國和天父在一起了。許多佛教徒面對死亡時，也是如此心情。一個朋友的婆婆就是好例子，「婆婆在醫院時告訴家人她明天就要走了，於是家人幫她辦理出院。晚上全家人聚在一起，婆婆微笑安詳地看著大家，告訴大家『謝謝你們，我要去極樂世界了！』然後閉上眼睛靜靜地睡著，就在凌晨時寂靜辭世。婆婆讓我看到，死亡不是一件該恐懼的事。」

你想給家人什麼樣的示範呢？你希望親人想到你時，是想起一個很會碎碎念、容易跟人起爭執、愛計較的人？還是一個過度注重金錢的吝嗇鬼？從這角度來思考，就會重新省察自己到底希望留下什麼樣的印象。

有位朋友很依賴家人，她曾告訴丈夫：「如果你死了，我會不知道怎麼活下去，我一定要有你陪伴才行。」後來她罹患癌症，做化療時滿心憂懼，覺得自己就快死了，放不下丈夫孩子。但不久，她信了基督教，我發現她竟變得充滿信心神采，她說自己會罹癌，一定跟她的擔心有關。以前她完全以照顧先生、孩子為生活重心，但內心並不平安，而是充滿擔憂，非常緊繃。現在信仰讓她學會交託，即使兒子期末考成績不理想，也不像以前那樣生氣責備。那天她趁著跟兒子並肩齊步時，很深情地跟兒子說：「兒子啊！如果有一天成績單寄回來是你被退學了，媽媽可能一開始會不太開心，可是，媽媽要你知道，媽媽永遠愛你，永遠都支持你。」隔夜，兒子傳了個簡訊給她：「媽媽！我很想對妳說『我愛妳』，哈哈，好噁心喔！可是我還是想要這樣說。」這種信與愛的示範，正是媽媽可以留給孩子的。媽媽隨時可能往生，孩子得面對他自己的人生，但當他想到媽媽這句溫暖的話時，會得到莫大的力量，明白不管發生什麼事，媽媽精神永遠與他同在。

身體會死，精神卻可以不死。母親即使死了，孩子想到她時卻是盈滿愛和盼望，因此他在世上，也能活出母親的愛和盼望。

行前準備二：你可以留下點東西

活著的時候，若能留下具紀念意義的物品，也許是一句話、一張卡片、一紙信箋、或任何物品，當你往生後，這物品可能成為在生的人的力量來源。課堂上我曾邀請學員帶一件對自己有特別意義的過世親人的物品來，有人穿著媽媽出國旅遊時買的毛衣，雖被人嫌老氣，但她說穿在身上就感覺到媽媽的溫暖。有人帶來多年前和爸爸同遊海邊時，爸爸在沙灘上撿到的數顆潔白如玉的石頭，每當看著它、摸著它，就感覺到爸爸的愛，並想起他罹癌期間依舊樂觀知足的態度。有人提著腳踏車打氣機，說小時候喜歡騎腳踏車，爸爸總會默默地為腳踏車打氣，這份細膩的關懷，是父女間心照不宣的祕密。

也許有人會說，留下的這些物品，可能讓親人因不捨而走不出喪親之痛，其實我的目的是希望讓親人重新感受往生者的愛與智慧。有位學員說她先生很木訥，但會將內心的愛與關懷寫在紙條上，放在床邊或梳妝台上。每當和先生有爭執或心情不好時，她習慣坐在書桌前，讀著一張張排列整齊的紙條，字裡行間皆流露著先生的真心真意，每次讀完心裡就會湧起一股暖流。我們面對死亡時，心中可能還有些話想交代，若可以留下代表真心意的物品，將可以幫助親人撫平喪痛，並鼓舞其懷著愛的力量迎向生命的挑戰，這是我們現在就可以做的。

參加自己的告別式

我們的文化並不鼓勵我們思考「今天是我的最後一天」這種假設，但這層思考卻是學習超越生死的智慧時，不能缺少的。

大家都沒有死亡的經驗，在教生死學的課堂上，要如何呈現「死」這主題來讓學員學習呢？最簡單的是從書籍、電影著手，或是讓學員分享接觸死亡的經驗，邀請末期病人做分享，或是校外參觀，到安寧病房、到殯儀館、火葬場等參訪。不過，這些活動，依然是在觀看別人的死，並非親身感受。所以，我特別設計了「我的告別式」體驗課程，讓學員置身死亡情境，以五官和想像力體驗相當逼真的死亡。

在這堂課中，除了講義的聞思外，還安排了兩種體驗：意外死亡與慢性病死亡。我安排過兩種模擬意外死亡的情境，其一是進入水災現場，讓學員體驗被土石流滅頂時措手不及的死亡；其二，是進入美國九一一事件中被劫持的班機「聯航九三」，學員化身為飛機上的乘客，告知他們這是一架直達死亡的單程之旅，生命即將在數分鐘後結束，讓大家體驗墜機前的心情轉折。慢性病死亡的體驗，則是想像自己是慢性病末期的患者，身體機能逐漸喪失，處處仰賴別人把屎把尿的照顧，然後吐出最後一口氣，接著還要化為靈魂，回到自己的告別式面對自己的遺照。當然，這裡要說明的是，這樣的設計並非傳達確實有靈魂存在，只是一種情境式的體驗。

每個學員體驗之後，感受與領悟皆不相同，面臨死亡的反應以及想像到的景象也有很大差異。設計這些課程的目的是：當你直接面對死亡，試著觀察當下身心有什麼反應，同時體會往生者的心情，並從中得到超越生死的智慧。這樣的課程相當大膽地挑戰了人們對「死亡」的忌諱，不過開辦至今，成果可說是正向與豐碩。在課堂中的領悟，有助於學員在生命還沒走到終點前，及早走出自己想要的人生。

這堂課的高潮，是進入自己的靈堂。我在教室中布置了一個肅穆的靈堂，牆上掛著學員的遺照，遺照左上角與右上角繫著黑色布條。學員在昏暗的燈光下走進靈堂，看見自己的遺照，然後躺進棺材裡，由天使從頭到腳蓋上布被，好好地在黑暗中體驗死去的感覺。在一連串的體驗後，我請學員回答三個問題：

一、當親友參加我的告別式，我覺得他們對我這個人的記憶與印象是什麼？

二、當我往生後，我希望家人或朋友想到我的是什麼？

三、如果給我一次機會進入他們的夢中，我希望告訴他們什麼？

利用課堂的模擬體驗，可幫助我們回顧過去，並做總反省：我整天在忙的是什麼？計較的是什麼？人生就是這樣嗎？我真正要的是什麼？以下，是學員參加自己的告別式的心情寫真。

參加告別式前的心情：

A：當聽到我只剩下二天的壽命時，心忽然痛了一下，眼淚不自覺滑落，那宣告我將與這世界告別，離開家人與朋友的痛，以及心疼家人要承受這樣的生離死別，都讓我傷心難過。我自問為什麼？是不甘心嗎？沒有！有遺憾嗎？沒有！腦海中開始浮現我這一生經歷過的人事物，在回想的過程，我發覺這一生很幸福，擁有家人的包容、體貼、愛，也認識一群很可愛、貼心的朋友，總會在需要時陪伴我、鼓勵我。想想這樣的人生很圓滿，沒遺憾，我的心也漸漸平靜下來，接受即將離開的事實。當小天使牽著我的手走向黑暗未知的世界時，我聽到周圍紛亂的腳步聲，卻看不到前方，心不自覺慌張起來。當站著等待進入自己的靈堂時，腦中浮現負面的畫面，那種孤單與恐懼，竟大過我聽到醫師宣告將死亡的痛。原來心魔真的可以輕易將我自以為準備好的心徹底擊潰。

B：當我死了後，我在虛空漫步好一陣子，往事一一浮現，如倒帶般，眼淚不由自主地一直掉，彷彿將喪夫後近二十年的心裡傷痛全數宣洩出來，再一一撫平。這段往生後的路，愈走心愈平靜。

站在自己遺像前的心情：

A：看到自己的遺照滿不能接受的，我才五十歲，還這麼年輕，怎麼可能！但，這讓我想到爸爸也是在這個年紀往生。我想起了父母親，很感激他們給我的一切。至於自己的小孩，因為我已經把最好的信仰給他們了，未來天父會帶領他們，給他們智慧與勇氣，我可以放心地走了，未來所有的家人都會在天家見面。

B：我覺得自己這一生背了太多框架，我不允許自己出錯，壓力好重。當看到自己的遺像，我告訴自己，如果還能再活一次，我絕對不要這樣，從今天起，我要過得更豁達。當白布掀開那瞬間，我有重生的悸動，我跟之前的人生告別了，今天的我又是另一個生命的開始。課程上到今天我終於懂了，死亡的過程不可怕，反而覺得安心，我再也不害怕死亡，不只是自己，就算是自己的至親，我也不再害怕，不再逃避。

C：來到自己的靈堂前，看到遺像中的我，心裡一驚，想對自己說話卻說不出口，好像自己還沒好好活過怎可就這樣死去。當蓋上白布時，我回想過往渾噩飄渺的日子，真不值啊！當天使掀起白布對我說：「恭喜妳重生了」，我回神過來，幸好我不是真的死了，我要趕緊和以前凡事無所謂的心態說再見，我要把心打開，認真來度過每一天，接受世間的祝福和指教。

D：當我看到自己的遺像時，有一種解脫的感覺，因為我知道「你」死了，我對著自己的遺照說：「這一生你很幸福，在這一世擁有這麼多的愛，謝謝你完成了人生功課。我會在另一個世界保佑我的親友健康、幸福、快樂！」說完，情緒好激動，眼淚不自覺流下。我平常很渾沌，但參加完自己的告別式之後，卻感覺精神百倍，腦袋變得很清楚。

E：看到遺照，我告訴自己，你是個好人，以後要好好的愛自己，才有能力愛別人。我覺得愛自己要愛到不要要求別人的讚美、回報，如果可以做到這樣，我會更自在。

F：站在自己的靈堂前，我心想我這一輩子就這樣死了，實在是很不值得。回想起白天的點點滴滴，每天汲汲營營工作，難道就是我這輩子最重要的事嗎？看著自己的遺照時，我發現自己滿臉愁苦，但我告訴自己，我帶著一顆不要再後悔的心來面對最後一天，既然死了就已經死了，就跟著佛陀好好地學。突然間我感覺我是世界上最幸福的人，我平常老是在埋怨白天有多麼不如意，但突然領悟到我其實在一個非常美滿、呵護我的家庭中出生，我這輩子真的很富有。然後又遇到老師，在我最不如意的時候拉我一把，讓我非常的幸福跟感恩。

G：在參加自己的告別式時，我覺得一切都結束了，那種感覺好像以前參加大學聯考，考試考完一切都結束了，不用再擔心以後的世界會長什麼樣子。這輩子終於走到人生的盡頭，可以畫下人生的句點，此刻的我心情很安詳、很輕鬆。

H：其實我很興奮，當我看到自己的遺照時，我就笑出來了。我覺得很滿足、很棒，我講的第一句話是：「把我忘了」。我希望親人也把我忘了，只要記住我對他們的愛這樣就好了。

I：瞻仰遺容時，心裡有種訝異，怎麼遺照裡面的是我自己，我怎麼會在那裡，那真的是我嗎？這時候突然體會到人生很無常，意外隨時會發生。身體不是我的，萬般皆空，走了，什麼都帶不走。在生命的最後，我才發現到自己是這麼的渺小，這麼的貪求別人給我的一切。

J：我想到我留給家人的回憶是善良的媽媽，同時又是個很嘮叨、很愛哭的媽媽，我會很捨不得我的家人，過去對你們這麼兇，是愛之深責之切。

我希望家人懷念我的，是我的親切、和善、助人。我在自己的遺像前告訴自己：不管怎麼樣，妳已經活出最好的妳了。

K：當我知道我死了，我發現最放不下的好像是我自己。我看著自己的身體，我最愛的人是她，最放不下的人也是她，當我看著她愈來愈模糊，彷彿我已經離開她了，心情又變得很平靜。回到靈堂看到遺照時，心也滿平靜的。躺進棺木上蓋上白布時，一開始覺得身體好緊，然後呼吸一下，放手了，就覺得很平靜，我可以走了。

L：走到自己的靈堂看到自己的遺像時，心想怎麼是嘴角向下的，臉部表情好僵硬。頓時之間，我選擇嘴角上揚，因為我希望留給家人的是輕鬆、歡喜的相。這樣的體會帶給自己很大的幫助，明白生死大事後，生命中事物的順位就突然變了。那個平常小鼻子、小眼睛、小心量的自己，只要想起告別式的感覺、要留給親友的記憶是什麼，那些計較的心機就不會出現了。

M：我希望我的告別式在海邊，在沙灘上，有我最喜歡的音樂。我留給家人朋友的印象是，重感情、守信用還有誠懇。我對過去的我說，你的單純、善良沒有愧對任何人跟事，了無遺憾。

參加告別式後的心情：

A：我覺得很後悔，覺得這一生沒有做出什麼好事，所以我接下來要趕進度了。

B：我發覺如果你有宗教信仰，有很深的信念，那祂會指引你，即使在黑暗中也能看到光明。

C：我想要在往生前拍好自己的影片，並為我的一生創作一首歌曲，然後在我的告別式播放。我要在影片中交代我想對親人說的話，然後要他們開心，不要為我的離去難過。

D：我希望留在他們心中的，是一個有智慧、充滿活力的老人。如果可以選擇儀式，希望選快樂一點的，我要他們在我的告別式播放幾首我愛聽的歌曲，不要把氣氛搞得這樣哀戚嚴肅。我回去後要和家人討論靈堂的布置。

E：當閉上眼睛，音樂響起的一剎那，我有一個很深的感覺，就是明天跟意外，不知哪一個會先到。想到最近主管的內鬥，搞不好下一個會輪到我。如果每個人能常常想到死亡，是不是能自省得更多？當我看到自己的遺容，我覺得我可以很放心的走了。從以前到現在，我都很努力扮演自己的角色，但還是有一些需要改正的地方，這樣的一堂課讓我知道未來要怎麼走，還有哪裡應該改進。

F：整個過程我都一直含著眼淚，直到現在。這對自己是個很新鮮的體驗，它提醒我要把心量放得更大，生命更有重心，這個重心就是要讓家人、親友一想到我就想到信心與愛的力量，而不是負面的感覺。提醒自己平常要改掉不好的習氣，希望自己可以有更美好的品格。平常也要做這樣的練習，把每天當作是最後一天，是自己的告別式。

G：我常常在服務往生者，在做臨終關懷，也常常在想，我走的時候，是帶著什麼樣的心態走，我真的對我這一生做了一個完結了嗎？很感謝老師安排這樣的體驗，讓我對我這一生的所言所行，所犯的過失，向它們深深懺悔，因為這樣我才能了無遺憾地走。我感謝我的小孩，我的先生讓我在這一生學會怎麼愛人，還有這一生跟我有緣的人，感謝你們。

H：比較震撼的是，看到自己的遺照沒有想像中的慈眉善目，這點有一點遺憾。我想我有盡了人生的責任，但在提升內在心性這部分還有不足，這是我未來要努力的。

I：今天好像真的死了，然後又復活了。以前我覺得人生很多挫折，不能看開，不能放下，但是，今天我覺得我不一樣了，那是一種重新歸零的感覺。以前家窮，我會計較錢，會要求孩子這樣那樣，現在發現要求別人其實都是自己欲望的投射。我現在看得比較開，領悟到在愛中才會有醫治。我覺得很對不起孩子，對不起自己，我現在想多愛我自己，多愛家人。心底有個聲音跟我說：你好像又回魂過來了，你不一樣了。我說我不知道，我就是上一節課，就變了。我之前很怕碰到死，人生也很不順，但現在我覺得，我是不是比人家幸運，因為我遇到很多挫折，所以我才能體會到更多。

J：當我死的時候，流下感動的眼淚，這一生終於結束了。經過一道光，到佛的世界去。我今天更確定，我不需要告別式，看著我的親友都來了，他們根本都不需要哀傷，因為我很開心啊！就當作是我去旅行不再回來。當我看到遺照時，我很感恩我的師父、我的護法，終於不用再跟他們分開，可以永遠在佛國稱心如意。雖然這次不是死真的，讓我有點遺憾，不過，人生的功課我會好好把它做完。

K：剛開始上課時，老師問大家，準備好要參加自己的告別式了嗎？我回答，這一生還沒死過不知怎麼準備。但當活動結束，回到教室，在回答課本的幾個題目時，我終於了解，死亡並不可怕，怕的是來不及準備、滿心遺憾，又有該說沒說、該做沒做的事。死亡只是一瞬間，真的並沒有想像那麼可怕，當那一刻來臨時，轉換一個心情，我要自由的飛翔了，我親愛的家人與朋友，祝福我吧，我要進入另一個旅程了。老師常在課堂說，要將每一天當最後一天來過，就會知道甚麼是該做的事，該馬上做的就不要猶豫，愛要及時說出來，不要留下遺憾。我對愛的表現還是太保守了，這需要時間練習。期許自己從今天開始，每天慢慢加一點愛的表現，並在生活中自然體現，當無常來時，才不會措手不及。

L：雖然跨過死亡的對岸是什麼，我仍認為還沒經歷怎會知道，但是死亡真正是我們這一生非常重要的功課，我練習過了，它並不可怕，那是心境的路程，是一種學習真正放下的重要課程，帶領自己昇華，也引領所愛的世人如何持續去愛。我們真的可以把「往生」這一回事幻化為美麗境界！我相信真的可以！

M：我希望活著的時候，就能有自己的告別式，在生前邀請親友來，聽聽他們想對我說的話，也說說我對他們想講的話。

從以上的分享中，我們看到了這堂逼真的體驗課程，讓參與者對自己的生命做了更深層的回顧與展望，並重新排列生活諸事的優先順序，明白什麼對自己才是最重要的。學員的分享告訴我們，體驗死亡確實帶來很大的改變，尤其在跨過死亡的界線後，竟能換上一雙截然不同的眼睛。這種在往生後才擁有的洞見，正是這堂課希望學員從死亡體驗中帶回來的禮物。有了這嶄新視野，我們才能進行下一堂課「跨越時空的相遇：與往生者對話」。

隨堂練習

一、如果今天就是最後一天，你覺得你現在留給家人朋友的印象是什麼？你又希望能留給他們什麼樣的印象？

二、假設你已經死了，有機會進入親友的夢中，你希望告訴他們什麼？

Columbia

第十章
跨越時空的相遇：與往生者對話

如果你有機會和往生的親人對話，
你希望跟誰對話？
你想和他說什麼？
你能不能夠看到他最美麗的人格特質，
看到他留下來的愛？

大部分人小時候不懂得做父母的心情，往往要等到身為父母時，才能深刻體會。隨著生命的成熟，我們因歷練而能將心比心地看待不同角色。但至於亡者的角色，因為我們都沒機會成為亡者，實在很難體會其心情，也很少去思考亡者是怎麼看待我們的。

上一堂課「我的告別式」，就是讓我們體會往生者的心。死後會進入怎樣的世界，沒有人知道，但至少透過體驗學習，可以比較靠近臨終者或往生者的心，然後再回頭審視自己這一生與身邊的人，便會有更超然的視野。

有學員說，當他參加自己的告別式，站在靈堂前看著自己的遺照，跟自己這輩子和熟悉的世間說再見時，頓時覺得「我」變成了「他」，是在對「他」的這一生做告別，不再覺得那是我了，有種跳脫自我的距離感。當他躺在棺材內，想到兩手空空什麼都沒有，這勞苦的生命終於結束，一切的功課都做完了時，有種放下重擔的輕鬆，甚至湧起一生從未有過的平靜。這讓他重新認識死亡，覺得死亡並不可怕。以前，我們可能是用祝福的、同情的、不捨的、恐懼的乃至怨恨的角度看待往生者，但當我們不再用原有的成見來看待他們，而能揣摩往生者的心境時，將有助於進行與往生者的對話。

往生者是用一輩子的智慧在跟我們說話

能正面取角的人，一定能看到往生者讓自己欣賞與值得學習的地方。去揣摩往生者留下的美好人格特質，就彷彿往生者以一輩子的智慧在向我們說話，溫馨而有力。

我舉一位好友的分享來說明：

我和父親一起打拼事業。為人父者都有望子成龍的心情，希望孩子能功成名就，在商場上呼風喚雨。我也非常努力地回應父親的期待。我們為了生意，經常喝酒應酬，三年當中，都過著無醉不歸的生活。沒想到爸爸因為跟人拚酒太過頭，得了食道癌，躺在病床上，我整整照顧他一年半。

這一年半中，我一直在思考，人的生命就這樣嗎？社會上金錢至上的價值觀逼得我們非得這麼做不可，但難道我們就沒有機會掙脫，去選擇自己應該做的事？這些問題在我照顧爸爸期間，一直在腦海浮現。

最後我爸離開了，他往生後的那段時間，我們忙著應付大大小小的後事，還來不及傷心難過。一直到爸爸出殯前一天晚上，我才有辦法靜下心來。深夜一、兩點，我看著爸爸的遺像，我的心好靜、好靜，突然，我發現我爸在笑，他真的笑出來，應該說我內心感覺他真的笑出來了。

他好像在問我：「就這樣子了嗎？是嗎？難道就這樣子嗎？」我回應他：「對，就是這樣子了！」彼此會心一笑，這就是生命，生命從頭到尾很多東西是無法掌握的，但我們卻一直在抓取、攀緣，最後就是這樣子了。他的話給我當頭棒喝：「兒子，你不要跟我一樣！你要重生，你要走出跟我不一樣的路！」他要我笑，從那一刻開始，走一條自己的路，要我重生。

我真的很感謝他，感謝他的示現，他用他的苦告訴我可以有不一樣的選擇。我重生到現在也有十七年了，十七年來，我應該可以跟他說一聲：「爸爸，我真的做到了！」

從這對父子的對話中，可以看出與往生者的對話，可以是智慧與真愛的傳承。在幾句對話中，他感到父親用一生苦難凝練出來的智慧，讓他醒悟，他突然明白父親希望自己如何面對往後的生命。後來，他離開商場繼續升學，一路念到了博士，目前已在大學任教，盡心推廣生命教育。

往生者可以超渡我們，不是我們在超渡往生者

台灣的喪葬文化中存在著超渡的觀念。我在課堂上問學員：「假設你往生後，家人為了要超渡你而花了大筆銀子，你覺得如何？你希望在生的家人幫你超渡嗎？」

有人覺得自己造的業就要自己承擔，怎麼可能靠花錢超渡就能消除、往生極樂世界，如果花錢就可以消除業障，那就太不公平了；有人覺得「超渡」這件事是為了讓活著的人安心，是他們的心意，因此贊成超渡；也有人不希望家人幫他超渡，只要把遺物拿去布施給社福機構就好；還有人說，超渡是在創造經濟價值，也會讓場面比較熱鬧，而且對死者會有不可思議的功德。

受到傳統佛道文化的影響，我們都假設死者會下到地獄。「超渡」的出發點是在生人的善意，我們很想幫死者做些事，卻因不了解死亡而六神無主，以為死亡是落難，進入悲慘世界，所以必須以各種儀式來超渡，例如做法會、做功德、燒腳尾錢做為買路財……等，以減輕他在陰間受的苦。但這到底是往生者真實的需要，還是家屬的一廂情願呢？

接下來，我又問：有沒有可能是往生者在超渡我們呢？我們總想超渡別

人，卻很少覺得自己需要被超渡，是不是我們太不謙卑了？這裡所指的超渡是：往生者，以其歷練一生的經驗與智慧來帶領我們，提昇我們的靈性層次，使我們超越人生的煩惱，渡到無憂無惱的彼岸。

真正的對話──heart to heart

什麼是真正的對話？我的定義是：心與心的真心對話。當你願意放下自己的成見，進入對方的心，站在對方的角度，了解對方的感受，用真心去接觸對方的真心，才能有真正的對話。

如果用這個標準來檢驗，其實我們平時和家人、朋友、同事並沒有進行真正的對話。友人曾轉寄來一封電子郵件，大意是說為何人們生氣時說話音量會變大，那是因為內心的距離很遠；但當彼此的心沒有距離時，輕聲細語地說，甚至不說一個字，就能知道彼此的心意。生者與死者間，以真誠的態度來對話，即使是無言的默想，都可以讓生命莊嚴起來。這種對話的態度，也適用在宗教式的禱告，因為禱告必須抱著謙虛的心態，空掉自己（虛己），願意傾聽與了解神的旨意。

假設你在號稱可以看到陰間親人的「觀落陰」中，真的遇到掛念已久的親人，卻問他：「為什麼你要拋棄我們妻小自己先走？你怎麼這麼沒良心？」或「你的私房錢放在哪裡？不要死了就什麼都不管了。」說出這樣的話，即使對方現身眼前，也不是真正的對話，因為這是單向的，你只說你想說的。如果你是說：「媽媽，我真的很對不起妳，當初沒有好好照顧妳，才會讓妳這麼早離開，我非常的愧疚！」這也不是真正的對話。真正的對話會是：「媽媽！當初我沒有好好陪伴妳，我覺得很抱歉，可是我相信媽媽是愛我的，我知道妳會原諒我。感謝妳用妳的一生教導我、照顧我、愛我……」這比較像真正的對話，因為進入了媽媽的心，看到她的善意，而你也用你的感恩心來跟她對話，才是heart to heart。

如果對話的出發點不是愛或真心對待或縮短距離，說出來只是徒增怨懟與不捨，距離反而更遙遠。

如果沒法找到彼此的真心，就很難有真正的對話。我們必須進入對方的視野，用死者的角度來看自己。死者從死亡無常變化中所凝練出來的智慧，很可能比活著的我們還高。

真正的對話，會有正向力量

我有一位朋友，曾任宗教團體的講師，十多年前她先生罹患猛爆型肝炎，下午才覺身體不適，晚上就往生，毫無預警地離開人世，留下兩個還就讀國小與國中的女兒。她一個單親媽媽拉拔兩個孩子長大，有很多心酸苦楚，再加上對先生的死無法忘懷，每次想到就掉眼淚，心情消沉。雖然她讀了不少經書，但面對這件事時卻派不上用場。

一次她參加禪修，在禪堂閉眼打坐時，又想到先生的離去，瞬時悲情湧上心頭，好一會兒才安靜下來，這時突然很清楚地感覺到，先生的身體就躺在她面前，並且對著她說：「生命是無常的，有聚就有散，這個身體本來就不是我們的，地水火風四大和合，四大也有解散的時候。放下吧！」頓時間光明乍現，原來先生是來告訴她什麼是真正的愛！真正的愛不是彼此黏著，是讓彼此不要依賴，能走出成熟獨立的生命，並且有能力給出愛，這才是真愛！

從那時起，她徹徹底底放下心中的不捨，反而覺得先生的死給她莫大的啟示。

這樣的對話，就是真正的對話，是導向讓彼此開心、放下的對話。

路上遇到靈堂，要如何與之對話？

走在台灣的街道，常有機會遇見喪事的場景。我問學員們，你看到路邊的靈堂時，有何反應？內心升起什麼對話？

有幾位遠遠地看到靈堂，就立刻繞道而行。有人則會念「阿彌陀佛」，但心裡多少還是有點害怕；有人還再加上一句：「祝你一路好走！」有人說學了生死學後，會覺得不管認不認識，人類就像一個大家庭，看見路邊的告別式就彷彿是家人往生，會很習慣地對他說：「謝謝你，我愛你，祝福你」，把別人也當作是家人，就比較不害怕了。另外，經營禮儀社的朋友則說：「我有職業病，只要在路上看到有搭棚子的，就會去看看搭得漂不漂亮，布置得好不好，特意靠近欣賞一下，然後觀察是哪一家禮儀公司辦的。我也常到殯儀館或火葬場，裡頭設有很多靈堂，經過時會留意靈前的香，如果香燒完了我就幫忙換新的，火若熄了就再幫它點燃。」以禮儀社從業人員的角度來觀察路邊的喪儀，不是很有趣嗎？注意的角度不一樣，欣賞的心情就出來了。但還是有學員對靈堂極度恐懼，有一次她在描述看到靈堂有多麼驚嚇時，我問：「妳看到靈堂會這麼恐懼，有一天妳死了，妳希望別人看到妳的靈堂也是這麼恐懼嗎？」她一聽，噗嗤笑了出來。是啊！我們都是自己嚇自己，如果角色互換，靈堂裡的那個人就是我，或未來的我，就沒什麼好怕的了。

與往聖先賢對話

閱讀歷代偉人的傳記、著作，也會興起跟他們對話的心情。當我閱讀《聖經》、佛經，或是在讀釋迦牟尼傳、德雷莎修女的傳記時，我發現不知不覺中自己的心量愈發寬廣、光明起來。在我待人接物面臨困難時，這些聖賢的語錄與處事的態度，也會浮現在腦海，彷彿我可以採用他們的心來面對世界。每個人都需要信心，需要正向的力量，多閱讀與你相應的聖者的書籍，多咀嚼聖人的智慧，就會將聖人的身口意放在心上，展現在自己的生命中。

活出往生者的願

要拉近生死之間的距離，關鍵就是「愛」。你真的愛已經過世的人嗎？真的愛他，很自然會把他放在心上，讓他在你心裡「乘願再來」。如何乘願再來？就是將他內心最想對世間展露善意的願望實現出來！

有位四十歲的男學員說，他覺得爸爸的遺憾是沒有看到他結婚，爸爸希望他能傳宗接代，老了也有人照顧。我心想，現代社會養兒不一定防老，有配偶也不一定能終老，爸爸雖這麼說，但他真正的心願不一定如此。於是我問他：「你覺得爸爸內心最深處的願望是什麼？是希望你能過得開心，生命過得有意義，做個對社會有貢獻的人？這是欲望，還是願望呢？」我並非要改變他的想法，只是請他再深思，再進入爸爸的心。後來他說：「爸爸的願望是希望我的生命能過得有意義，能照顧好自己。」希望兒子結婚，不一定是天上的爸爸真正的心願，如果兒子一直掛心爸爸這未了的願，就會活在遺憾裡；如果為了結婚而結婚，卻換來更大的痛苦，這肯定不是爸爸所願。與往生者對話前，要先分清楚什麼是「願」什麼是「欲」，這也是很重要的。

二〇一〇年世界麵包冠軍吳寶春師傅，他母親在十年前往生，但他一直把母親的精神放在心上，母愛是他最大的動力，他曾說過要讓全世界都知道母親的偉大，而他終於做到了。當他得到世界麵包冠軍，他說：「我是帶著挑戰夢想而來，而我也擦亮了『台灣』這兩個字」，同時也榮耀了母親。後來他帶著金牌的榮耀到母親墓前，把這份榮耀獻給她，並以母親的名字創辦基金會，幫助需要幫助的人。他活出的是母親最美麗的願，並傳承其精神給世間。

也許我們只認識到往生者的表象，還沒看到最美麗的他；如果看不到，就容易被表面的認識所誤導。

曾有一位女學員有嚴重的婆媳問題，婆婆過去常護著兒子，對她尖酸刻薄，傷她很深，連婆婆死後，她仍不敢直視婆婆的照片。後來她聽說了婆婆坎坷的成長背景，才理解婆婆何以如此武裝自己；當她能善解婆婆的行為時，便可以面對遺照了。照片中，銳利眼神的背後不再是斥責嫌棄，而是孤獨不安，與無法向外人道的苦衷，她甚至希望有機會能問候婆婆、抱抱她。

找到跟往生者對話的感覺了嗎？當找到自己最最柔軟的心，同時也找到對方最美麗的心時，就可以對話了。

跨越時空的相遇

如果有機會和往生的親人對話，你希望那位親人是誰？你想和他說什麼？你能不能夠看到他最美麗的人格特質，能不能看到他曾經對你的好，對世間的善，看到他留下來的愛？

在一系列生死學的課程中，緊接在「臨終關懷」與「我的告別式」兩大主題之後，就是我最看重的「與往生者對話」這堂課。要帶領學員和往生者對話，我必定慎重以對。上課前，我都會由衷禱告，願神聖的光與愛守護每一位學員，守護學員所邀請來的往生親友。不管他們是否真的前來，都應以敬神如神在的態度來面對。我相信，只要將心安靜下來，安住在自己最真、最善、最美、最正直的心，每個人都能在這樣的對話中獲益。很幸運的，舉辦了十五次的與往生者對話體驗課，每一次都很順利，還有許多意想不到的收穫，例如解開了學員與往生者之間的思念與心結，消解了對死亡的恐懼等。即使參與者未邀請往生親友對話，光是在現場聆聽其他人的對話，就能感受到他們之間的真情流露，而感動不已。

為了讓參與者感覺身歷其境，學員全程使用眼罩。在正式與往生者對話之前，我會先花二十分鐘醞釀莊嚴肅穆的氣氛，播放佛教的梵唄與天主教的聖樂、教堂的鐘聲，營造安心的氛圍。接著帶領學員邀請自己信仰的神前來守護，願祂們在虛空中放大光明，守護這個空間和每個人。正式開始後，也會適時穿插溫馨溫暖的配樂。

打開陰陽之門

現在，請你開始憶念想要對話的往生親友，回想他在你心中留下的美好特質。你所憶念的這位親友，即將來到面前，你是否以最美麗的心來看他？你是否看見他最美麗的心？不要再以自己的角度打量他，要進入他的心，試想他會如何看待你？唯有如此，你們之間才會有真正的對話。一切就緒後，法界的大門即將打開，每個人所邀請的往生親友，將依序出現在面前，和你進行真愛的對話。

現場的氛圍無法以文字形容，但從學員的分享，可以一窺他們與往生者之間真情流露的世界：

阿娟：阿忠，你好嗎？感謝你給我這個機會（你的往生），讓我更堅強勇敢，也感謝你以前對我及孩子的呵護。以前和你一起走在路上，你總是走在路的外側，把我保護在裡面；你開車踩煞車時，總是把手擋在我的前面，讓我感覺到你對我跟孩子的愛。雖然你走得很匆忙，雖然我們夫妻過去有爭執，但來這裡上課後，我心胸變得開闊，這要感謝你的成全（你往生後我才有時間參加課程）。今生雖然跟你的緣分如此短暫，但是，回首過往，你給我滿滿的愛，一直在我心中。我從來沒有對你說過我愛你，以前總是認為你可以感受到，今天感謝老師讓我有這個機緣，我很誠心地告訴你「我愛你」。對過往的怨懟，隨著你的往生都放下了，願你在佛陀的引領下能夠好好修行，在你往後的路能夠走得很順遂，不再把自己看得那麼卑微，這是我對你深深的祝福。我跟孩子都過得很好，爸爸在三姐的照顧下也過得很好，你可以放心。感謝你對我及孩子所做的一切，謝謝你。

阿惠：十五年了，爸爸！我們從來都沒有對過話。其實，結婚時我是有怨懟的，因為九個孩子中，只有我的婚姻是被你安排，因為家裡破產，才要我嫁給我先生。我年紀愈來愈長後，才感受到你心中的不捨。我記得有一次你來我家時，告訴我：「我們從頭開始好嗎？我知道你喜歡學習，你喜歡上學，我們從頭開始好嗎？」我告訴你：「我再從頭開始，我也不可能再回到那單純的心了。」但是，爸爸，我知道你很內疚，因為你常常來看我，但我覺得你太卑微了，你為了要先生對我好，對他一直畢恭畢敬，你真的很委屈。其實先生也是我的道場，讓我可以成長，我也要感謝他。現在我有上些心靈的課程，爸爸你放心，我會活得更好，活得更健康，活得更快樂。爸爸也要快樂起來，你一路好走。

小紅：剛才老師說要跟往生者對話時，我雙腳都麻掉了，我看到我可愛的死去的兒子。雖然你來不及長大，但現在我深深的了解到，你是神派來的天使，你是高級靈的誕生，我感謝你。因為你選擇在我們結婚紀念日誕生，選擇最好的日子離開，那是我永遠都無法忘記的日子。每次看到跟你同年齡的孩子，就會想到你現在過得也是這麼好，已經在神的懷抱中了。感謝你，因為你的誕生，讓我跟爸爸、跟哥哥都找到人生的意義跟目的，引導我接觸到生長之家的真理，每天我都為你讀誦甘露法語經，讀誦天使的語言，相信你每天都很快樂。

小怡：親愛的老爸，眼睛閉上時，我看到的是我們最後一次合照，這幾年來我一直不敢看這張照片，我看了就會不斷地思念。但今天我看到這張照片，看到的是爸爸對我們姐妹還有家庭無窮無盡的愛，內心很歡喜。感恩爸爸您這些年來無微不至地照顧我們，也感恩爸爸包容我的任性。跟爸爸在一起的點點滴滴，一幕幕出現在我眼前，我很開心跟爸爸生活在一起這麼多年，度過那麼多美好的日子。

我今天要用祝福的心跟爸爸說話，我相信爸爸也是用祝福的眼神在凝望著我，我覺得爸爸一定很高興，我又長大了一點點。夜裡躺在床上，已經把想對爸爸說的話說了不知多少遍，每一次都哭，連上禮拜下課時想到今天要跟爸爸說話，也是一直哭，因為以前不敢真的面對爸爸。但是我今天好開心喔！我很想再一次跟爸爸說：「謝謝您，給我們這麼溫暖的家庭。」您一生敦厚待人，細心又有耐心，這些都是我所欠缺的。爸爸在我最困頓的時候送我一本書，我知道您深切希望我可以活得自由自在，所以買了這本書送我。

我相信您要離開的時候，一定非常勇敢，我知道您是有準備的，您額頭上的傷，是我心裡深深的痛。您勇敢地面對生命必經的老病死，您留給我的，就是告訴我在這個世上，有很多事情必須自己學著去面對。

阿光：爸爸，你現在好嗎？你是個不善於言詞表達，而且非常嚴格的爸爸。每次想跟你親近時，你總是故意保持距離。當時我很不諒解，但我知道這是你想要保持自己的尊嚴。我知道你有很多委屈跟不甘心，每次想到你身體痛苦的折磨，都覺得很難過，但是我現在覺得這是你給我的力量。謝謝你，每當我孤苦無助的時候，都會想起你，甚至夢到你，你都能給我力量。也謝謝你讓我抉擇我的工作，我跟你說過不想繼承家業，你也欣然同意了，謝謝你讓我走上自己喜歡的路。爸爸，我愛你，謝謝你。

小娜：親愛的媽媽，妳過世三年了，我還是很想妳。這些年來我一直覺得妳好像沒有離開我，當我遇到挫折或不開心時，總會聽到妳以爽朗的聲音告訴我：妳不要怕，任何的挫折妳可以走過去的。就像我在妳身上看到的，從小辛辛苦苦為了這個家在奮鬥。祝福妳。

小玉：親愛的三哥，很奇妙的因緣讓我們在這裡相遇了，讓我們看到彼此的內心，這是跟以前很不一樣的感覺。還記得小時候，你為我們築了一個美麗的夢，現在回想起來都還很甜美，沒有因為你的離開而感到一點悲傷。

在你直腸癌末期的時候，我回去看你，你總是用很深情、很羨慕的眼光看著我說：「我好羨慕你能夠這麼自在、快樂的微笑。」當時我心想：「你現在色身上的痛苦，讓你不能自在的微笑，可是我幫你把微笑帶給世間。」我覺得我可以跟你印心。現在我來上課，知道怎麼將你的愛傳承下去。小時候我們都很羨慕你，不管大大小小的美術比賽，水彩、油畫、素描，你幾乎都是全縣第一名，你是我們的偶像，雖說你離開了，但我覺得你現在正在另外一個世界，揮灑你美麗的人生。

小梅：外婆！我想妳！我一生最大的遺憾，是沒能去見妳最後一面。但是，我很感謝妳在往生的前一個禮拜來到我夢中。在妳的晚年，有很長一段時間選擇活在自己的世界裡，不跟任何人溝通，我可以想像妳年輕的時候為了別人而犧牲自己，受了很多苦，卻沒有人了解。所以，當妳晚年不用再擔負養兒育女的重任後，選擇遺忘現在，活在過去。那幾年，看妳日漸消瘦的身影，我好心疼。當我聽到妳往生的時候，雖然有很多的不捨，但我更希望，在往生之後妳會過得很快樂。這些話藏在我心裡很多年了，一直沒有跟任何人提起，可是妳對我的疼愛，我這輩子都不會忘記，我很感謝妳。外婆，我愛妳。

阿正：爸！真的很謝謝你，在你住院的那一段期間，表面上是我在照顧你的身體，實際上卻是你在照顧我的靈魂。你帶領我認識佛陀，認識法，你用你的生命、用你的苦告訴我：「一切有為法，如夢幻泡影」；你告訴我，人生是一場夢；你告訴我，人生有更重要的事情要去做；你告訴我人生好短好短，必須把握每一分鐘，去做自己。你總是那麼慈悲，用你的苦來提醒我，以及所有的人。我覺得不公平，這麼好的人，沒有理由要受那麼多苦；但是我知道，這也是公平的，因為你是菩薩，你是代眾生受苦，正如經典上所講的：「願代眾生受無量苦，令諸眾生畢竟大樂。」爸爸！那年我開始學抽煙，你沒有罵我，只是告訴我，這樣對身體不好。你帶我到火車站送我到台北時，塞了好幾千塊給我，告訴我要記得吃飯，而我知道你自己也沒有吃飯。真的很謝謝你，爸爸！如果你已經走在法上，已經得到佛陀的接引，請你繼續領導我，走向佛陀；如果你還沒有接受佛陀的接引，那也請你放心，你跟著我，一定要跟緊，讓我們一起走向佛陀。爸爸！要記得，我們一起走下去！

最後，我會感謝學員邀請信仰的神與深愛的家人，和我們在這個時空相會，並對他們說出深藏心中的話。雖然摯愛的人死了，但卻化為有生命的相，活在我們心裡。「心有距離就是死，心沒有距離就是生」，誠哉斯言，因死的是他的軀殼，活著的是他的愛。這空間瀰漫著愛的氣息，我邀請學員一起呼吸：吸氣，吸入他們對我們的愛；呼氣，感覺他們的深愛遍滿全身。再一次的吸氣，感覺他們的愛充滿心靈；呼氣，送出誠摯的祝福。讓我們帶著微笑，深情地凝視他，對他說：謝謝你，我愛你，祝福你。

死亡是否如同課堂所呈現的，老實說，我也不知道；但重要的是，我們願意面對，願意把心門打開，願意真心對話。這份對話，不會在課程結束後消失，因已結晶成一個美麗的相，印在我們心中，給我們力量，一起面對未來的風風雨雨。經過一連串課程，一層層地學習、轉化觀念後，才開始與往生者對話，能讓學員準備好面對平常沒機會或沒方法觸及的世界，釋放心中埋藏已久的感情。

與往生者對話的體驗後，學員的心得分享，總會有令人意外的驚喜，有些學員沒有特別想對話的往生者，但在參與的過程中，卻得到了救贖與情感的釋放，更知道生命的方向與意義。

最後，分享幾位學員體驗後的心得：

小雪：我內心有深深的感恩，因為一直沒辦法面對爸爸的離開。但在這樣的課程之後，我又可以再走出一步，也感恩爸爸讓我有機會看清楚生命的實相。在他往生的過程當中，我內心很不捨，但透過爸爸，我了解了自己、面對自己，然後走出我自己。上個禮拜我有一個想法，我不敢面對是因為我不了解死亡，對爸爸死去的相感到非常恐懼，不知道發生了什麼事。因為我跟家人沒有很好的互動，內心有很多遺憾，活著的時候彼此都來不及表達愛了，為什麼還要彼此傷害。所以，我很感恩爸爸讓我學會要珍惜，要珍惜世界上的每一個人。我本來很怕死，可是上次在我的告別式中，我躺著的時候，領悟到不管活著死了都要自己面對，所以要學習如何開心，不管活著死了都沒有遺憾。

阿佩：今天的氛圍讓我很震撼。以前參加阿公的告別式，我沒有什麼感覺。可是在今天的氛圍下我感受到了，當大家在跟想告別的人講話時，我覺得很感動，眼淚一直流，覺得好像很親的人走了。我體會到一件事，當我真的面臨親密的人走了時，我要幫助身邊的人走出來，所以我要先走出來。

小茜：感謝老師的帶領，今天好像跟爺爺大和解。小時候因為爸媽都不在家，我是跟爺爺一起長大的。有一天晚上被爺爺嚇到，我心中有一股很大的憤怒，我問老天：為什麼要這樣對我？從那天開始，我非常怨恨世間，我不想活著，我討厭自己，我不知道這世界上我還能相信誰？我只是小孩，不知道要怎麼辦，所以就偷爺爺的錢來報復。爺爺過世時，我一方面難過，一方面又怕他，也不敢去看他，只能強忍著不要掉眼淚。但剛才我看到觀音菩薩帶著他來，我跟他說：「我知道你不是故意的。」然後想起小時候他對我的好，我說：「你永遠都是我的爺爺，我不再恨你了，我知道你不是故意的。」以前我知道自己理性上要用慈悲喜捨的心來面對，但還是不知道怎麼面對他。但剛剛，我第一次跟爺爺這樣對話，我也願意和解了，我對他微笑並且擁抱他，最後他帶著微笑離開。

阿金：這個課程讓好多人打開心結，撫平原生家庭的傷痛。我自己的感受是，事情發生時會萬分悲痛，但當你們走過去時，一定會覺得人生好豐富。我可能就沒有你們的人生這麼豐富，我好羡慕你們。我來學生死學時，還打電話來問這會不會很可怕。當我能夠靜下來去面對，就覺得很輕鬆。

小君：四個月來課程一路鋪陳，最後終於走到和往生的親人對話。上課中，只要觸及親人過世及與往生親人再次心靈接觸，我都必須將塵封的心情再次掀開，幾番翻攪，才能見到最底層的那顆最初的心。愛過、爭執過、怨懟過的種種，所有共同經歷的一切，無非就是那個「愛」字，它如影隨形地告訴我，要我學習如何真正愛家人、愛朋友、愛世人、愛這世間，更要學會愛自己。

小娟：媽媽罹癌後曾對我說：我真的就是這樣了嗎？當時我尚未接觸生

死學，只能強忍淚水抱著她，卻不知道該說些什麼。一星期後媽媽離開了我們。在臨終關懷那一堂課上，還是忍不住想起這一幕，依然感覺遺憾，總覺得當時應該和媽媽談談還有什麼未竟的事必須或想要做的？更重要的是，我應該跟她說：媽媽！謝謝妳，我愛妳。這三年來我經常淚流滿面，悲傷得無法自已，但是透過今天和媽媽的對話，我彷彿知道她沒有遺憾了，在另一個國度裡，似乎過得很開心。而且，這是第一次我不再因為想她而傷心流淚。為什麼我會有這樣的感覺呢？此刻我了解到媽媽是多麼愛我，我心中盛滿對她無限的祝福。

小英：我一直以為自己可以與人溝通無礙。但這一陣子，上了生死學，同時也經歷一些生命的轉折，才知道原來我一直站在自己的或外在的角度看待一切人、事、物，從不願真正進入自己的心及對方的心去感覺，所以根本從未有過真正的對話。現在，我每天鼓勵自己，上一秒鐘的我已經死去，下一秒鐘的我已然重生，我很願意以真心來對話。今天的演練讓死亡變得不再陌生，也打破了我所以為的生死之間的距離。我感受到亡者慈悲的陪伴，了解到我並不孤單。亡者有一種力量，比較有智慧，明白死亡的歷程，可以為生者帶來生命的勇氣。我更感受到，當我的靈性提升，他們也會提升，這彷彿是一種生命的禮物，可以收到，也可以給予。

每次聽到大家的分享，內心都非常感動。這堂課成功與否，並非操之在我，而是參與的學員是否願意以最真的心凝視往生者的真心，願意打開心門進行真愛的對話，進而解開心中的掛念與心結，確立未來生命的方向。每一個對話，都是在呼喚自己要走出各種成見框架，呼喚想要圓滿的心、想要成就的人格特質。願我們走向這樣的道路，走出真理，成就真愛的生命。

我們的心是光，彼此的光，光光相照，相互照亮彼此，照亮這個世界。

吸氣，感覺這份光與愛流入到身體裡面；

呼氣，感覺光與愛從裡面流向這個世界。

隨堂練習

一、如果有機會跟往生者對話，你最想和誰對話？

二、把你想對往生者說的話，寫成一封信。

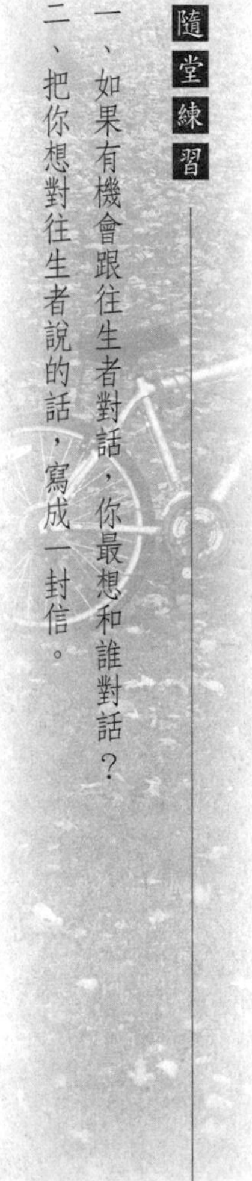

圖片／Ming提供

結語

一位朋友與我分享前頁這張他旅歐期間在德國格爾利茨（Gorlitz）墓園入口處拍攝的照片。在這唯美的雕像上，你看到什麼？是美男的裸體，還是健美的線條？當我深一層思考時，有了這樣的體會：當一個人走進墓園，園中特殊的氛圍會很神奇地讓人向內審視自己的心，讓心靈世界赤裸地呈現，就像這座雕塑一樣，渾身赤條條的，指著自己的心。

每個人都有面對死亡的一天，不管是自己的或親友的。死亡能使人們觸碰到心靈最深處，回顧此生是否活得有意義、是否感到滿足欣慰、是否留給後人值得懷念的事物、是否完成有價值的事、是否帶給周遭正面的意義、和親友的互動有沒有遺憾、交惡的關係是否解開，當然還有對死後的世界是否恐懼，能否平靜面對死亡等。這些自我檢視的內涵，擲地有聲地道出了一個人「靈性」生命的重要。死亡教育，就是一種很重要的靈性學習（Spiritual Learning）。

人一生中有各種需求，在這方面的理論，最為人所熟知的是人本主義心理學家馬斯洛（Abraham H. Maslow）所提出人類五項需求層次理論：生理的需求、安全的需求、歸屬與愛的需求、自尊的需求、自我實現的需求。然而我認為，這五項需求在人類生命歷程中，固然占比甚重，但並非人性的最終需求。當死亡逼近，人性的最終需求更容易被引發，因為在死神面前，人一生的尊嚴、成就、財富、人際關係在此時都派不上用場；因此，此時人類的需求已轉為以靈性需求（Spiritual Needs）為主的層次，即馬斯洛往生前一年所提的Z理論。

「靈性需求」是馬斯洛反省過去提出的需求層次，發覺人的需求應有更高境界。他認為靈性需求是人類需求階層中的最高層次，是超越自我、超越個人、嚮往和世界合一和天地合一的需求。過去，「靈性學習」與「靈性需求」在台灣教育界並不受重視，因教育界不希望宗教介入；然而，追求生命的意義與價值，追求人際關係的和諧與心靈的和平也是人性的重要需求，實在不該被忽視。慶幸的是，近幾年來靈性學習已被政府重視，教育部積極推廣的「生命教育」，在《生命教育理論與教學方案》一書指出：生命教育是涵蓋生命、心理、靈性層面的教育；目前靈性成長的教學方案多半與生命教育的教學方案相結合，生命教育是超越信仰背景，最能滿足普遍性靈性需求的實施方式（吳秀碧，二〇〇六）。

以人類的生命發展階段來說，死亡是人類的必經歷程，而學習面對死亡也是身而為人在心靈上需要灌溉培植的能力。心理學家嘉德納（Gardner）在一九九九發表的論文認為，靈性智能（Spiritual Intelligence）的發展與年紀的增長有關，年紀愈大者發展愈深廣，但年紀的增長並非靈性成長的保證。換言之，我們不要幻想未來隨著年紀增長就必然有能力面對死亡，面對死亡的智慧是需要學習的。

很開心您和課堂學員一起經歷了死亡的探險，並已閱讀到本書的最後。若您在閱讀中獲得了啟發性的想法與經驗，歡迎您和周遭的親友分享、討論。願您的靈性生命豐足、平安，相信世界因為有您而更美好。

參考文獻

第一章

- 林烘煜（二〇〇八）。從樂觀解釋風格論情緒轉化。《情緒轉化—美學與正向心理學的饗宴》，頁一二九～一四七。台北：五南圖書。
- 吳庶深（一九八八）。《對臨終病人及家屬提供專業善終服務之探討》。東海大學社會工作研究所碩士論文，未出版，台中市。
- 唐淑華（二〇〇八）。從希望感論情緒轉化。《情緒轉化—美學與正向心理學的饗宴》，頁一〇三～一二七。台北：五南圖書。
- 曾宏民（二〇〇七）。從《面對惡靈》到《希．雅布書卡嫩》。南方電子報。二〇一一年八月二日引自http://www.esouth.org/modules/wordpress/?p=174
- 蕭文（二〇一〇）。正向力：展現自我的能量。陳素惠（二〇一〇）著作《正向心理學教練服務》之推薦序。台北：心理出版社。
- Peterson, C., & Steen, T. A.（2002）. Optimistic explanatory style. In C. R. Snyder, & S. J. Lopez（Eds.）, Handbook of Positive Psychology. London: Oxford University Press.

第二章

- 行政院衛生署（二〇一二，五月）。民國一〇〇年主要死因分析。
- 行政院內政部（二〇一一，十月）。內政統計通報：一〇〇年平均餘命統計結果。
- 教育部（二〇〇一）。《臺灣地區生命教育人力資源與教學資源建置計畫報告書》。台北：教育部。

- 黃天中（二〇〇〇）。《死亡教育概論I—死亡態度與臨終關懷之研究》。台北：業強。
- 項退結（一九八九）。《海德格》。台北：東大圖書公司。
- 張菀珍（二〇一〇）。死亡焦慮與死亡教育。《臨終與生死關懷》，頁一五～一六。台北：華都文化。
- Albom, M.（一九九八）。《最後十四堂星期二的課》（白裕誠譯）。台北：大塊。（原著出版於一九九七）
- Crase, D.（1988）. Updating death education for children and adolescents: The literature connection. ERIC Document. NO.ED 300348.
- de Moonink, H. J（1990）. Aids and death in higher professional education: The need for a conceptional point of view. Paper pressed at ADEC 12th conference.
- Heidegger, M.（1962）. Being and Time（A Translation of SEIN und ZEIT by John Macquarrie and Edward Robinson). New York: Harper & Row Publishers.
- Kübler-Ross（一九七三）。《論死亡與瀕死》（謝文斌譯）。台北：牧童。
- Neimeyer, R. A., & Brunt, V. D.（1995）. Death anxity. In H. Wass & R. A. Neimeyer（Ed.）, Dying: Facing the facts（3rd ed., pp.19-88). Washington, DC: Taylor & Francis.
- Tomer, A., & Eliason, G.（1996）. Toward a comprehensive model of death anxiety. Death Studies, 20, 343-365.

第四章

- 林明慧（二〇〇九）。台灣安寧療護發展現況。《癌症新探》，頁三〇。
- 李英芬、方俊凱、莊榮彬、陳榮基（二〇一〇）。保障病人尊嚴，拒絕無效醫療—談安寧緩和醫療條例宣導暨意願註記健保IC卡的執行。《醫療品質》雜誌，四，頁二〇～二一。

吳風鈴、陳慶餘、謝博生（二〇一一）。社區善終照護準備計劃。《台灣醫學》，十五（一），頁二二～三一。

邱泰源、黃馨葆、林晏群（二〇一一年十月一日）。應否撤除氣管內插管？安寧緩和醫療條例修正前後之倫理與法律議題探討。論文發表於臺大生命教育中心、生命教育學會與臺大哲學系主辦之「二〇一一第七屆生命教育學術研討會《生命意義與臨終關懷》」，頁一〇七～一一九，台北。

胡文郁、楊嘉玲（二〇一一，十月）。從癌症晚期病人進行末期醫療決策的經驗－反思「預立醫療照護計畫」之推展。論文發表於臺大生命教育中心、生命教育學會與臺大哲學系主辦之「二〇一一第七屆生命教育學術研討會《生命意義與臨終關懷》」，頁二三一～二四九，台北。

高綺吟（二〇〇七）。《安寧共同照護模式對提升癌末照護品質之成效》。臺灣大學護理學研究所碩士論文，未出版，台北市。

孫效智（一九九六）。安樂死的倫理反省。《國立臺灣大學文史哲學報》，四十五，頁八五～一一三。

郭正典（二〇〇二）。治療的限制與撤除。《台灣急重症醫學》，四，頁三一〇～三一七。

陳武宗、王春雅（二〇一〇）。臨終的安排。《臨終與生死關懷》，頁一一七～一四六。台北市：華都文化。

陳榮基。安寧療護的目標與實踐。二〇一一年八月一日取自http://www.lotus.org.tw/ShowArticleCon.asp?artid=104&tid=28&subtype=安寧療護。

黃曉峰（二〇〇一，十一月十九日）。百年來，醫師對死亡態度的轉變。登載於民生報。

- 黃勝堅（二〇一〇）。《生死迷藏—善終，和大家想的不一樣》。新北市：大塊文化。
- 黃勝堅（二〇一一）。《夕陽山外山》（生死迷藏II）。新北市：大塊文化。
- 黃麗續、魏書娥（二〇一一，十月）。加護病房裡生命末期的醫療決策：以簽署DNR的決策分析為例。論文發表於臺大生命教育中心、生命教育學會與臺大哲學系主辦之「二〇一一第七屆生命教育學術研討會《生命意義與臨終關懷》」，頁二〇七～二三〇，台北。
- 翁益強（二〇一一）。探討「預立選擇安寧緩和醫療意願書」與「不施行心肺復甦術同意書」之差異。《安寧照顧會訊》，七十九，頁九～十一。
- 張淑美（一九九六）。《死亡學與死亡教育—國中生之死亡概念、死亡態度、死亡教育態度及其相關因素之研究》。高雄：復文。
- 趙可式（二〇〇一，六月十五日）。安寧療護：為了「人」而解決「痛苦」。登載於中國時報。
- 趙可式（二〇〇七）。安寧伴行。台北：天下遠見。
- 蔡翊新、林亞陵、黃勝堅（二〇〇七）。重症病人生命末期的照護。《安寧療護》雜誌，十二（三），頁三一二～三一九。
- 衛生署國民健康局。健康九九網站。二〇一二年二月二十日取自http://www.health99.doh.gov.tw/PDA/HealthyHeadlineDetail.aspx?TopIcNo=5828
- Stephen R. Connor（2000）. Hospice Care and the Older Person. Death attitudes and the older adult: theories, concepts, and applications. New York: Brunner-Routledge.
- Victor G. Cicirelli （2000）. Older Adult’ s Ethnicity, Fear of Death, and End-of-Life Decisions. Death attitudes and

the older adult: theories, concepts, and applications,175-190. New York: Brunner-Routledge.

第五章

● 大卿導師。《因為愛生命不死—直指人心的生死觀》。二〇一一年八月一日取自台灣聖脈生命教育協會網站：http://www.dharmalineage.org/Docs/%E5%9B%A0%E7%82%BA%E6%84%9B%E7%94%9F%E5%91%BD%E4%B8%8D%E6%AD%BB.htm

第六章

● 史丹・高伯格（Stan Goldberg），張美惠翻譯（二〇一一）。《我願意陪伴你：點亮生命的九堂課》。新北市：張老師。
● 吉兒・泰勒（二〇〇九）。《奇蹟》（楊玉齡譯）。台北市：天下文化。
● 珍妮佛・薩頓・霍爾德、簡恩・艾德瑞奇—克蘭頓（二〇〇六）。《幽谷伴行》（施貞夙譯）。台北市：原水文化。
● 陳武宗、王春雅（二〇一〇）。臨終的安排。《臨終與生死關懷》。台北市：華都文化。
● 趙可式（二〇〇七）。《安寧伴行》。台北：天下遠見。

第七章

● 陳百希（一九九二）。《宗教學》。台北市：光啟。（初版於一九六九年）
● 張菀珍（二〇一〇）。死亡焦慮與死亡教育。《臨終與生死關懷》，頁一～二七。台北：華都文化。
● 凱斯勒（Kessler），D.（二〇〇〇）。

《臨終關懷》（陳貞吟譯）。台北：商流。（原著出版於一九九七）

- Grafton Eliason（2000）. Spiritual and counseling of the older adult. In A. Tomer, (Ed.), Death attitudes and the older adult: Theories, concepts, and applications (pp. 241-256). Philadelphia: Taylor & Francis.
- Wong, P. T., Reker, G. T., & Gesser, G.（1994）. Death attitude Profile-Revised: A multidimentional measure of attitudes toward death. In R. A. Neimeyer（Ed.）, Death anxiety handbook: Research, instrumentation, and application（pp. 121-148）. Washington DC: Taylor & Francis.

第九章

- 大卿導師（二〇〇四）。《走出生命走出框框》。台北：台灣聖脈生命教育協會。

第十章

- 吳秀碧（二〇〇六）。《生命教育理論與教學方案》。台北市：心理。
- 梁翠梅（二〇〇六）。《高峰經驗—根植於此岸的彼岸：談靈性諮商中的自我實現與自我超越》。弘光人文社會學報，四，頁八一～一一七。
- 羅德興、王明雯（二〇一〇）。從超個人心理學的觀點看組織轉型。《中華科技大學學報》，四二，頁二六九～二八七。
- Gardner（1999）. Intelligence reframed: multiple Intelligence for the 21st century. NY: Basic Books.

國家圖書館出版品預行編目（CIP）資料

如果今天就要說再見：10堂教你瀟灑活著、充滿勇氣的生死學／
羅耀明作.　-- 初版.
-- 台北市：心靈工坊文化, 2012.07
面；　公分.
ISBN 978-986-6112-47-8（平裝）
1.生死學　2.死亡教育

197　　101013004

心靈工坊 PsyGarden
Holistic 075

如果今天就要說再見：
10堂教你瀟灑活著、充滿勇氣的生死學

作者—羅耀明

出版者—心靈工坊文化事業股份有限公司
發行人—王浩威
總編輯—徐嘉俊
責任編輯—黃心宜
封面設計—薛好涵
內頁編排設計—黃玉敏
圖片提供：莊瓊花　P30-31，P127，P182-183，P224-225
　　　　　許雅芬　P44-45，　P58-59，P153，P202-203
通訊地址—10684台北市大安區信義路四段53巷8號2樓
郵政劃撥—19546215　戶名—心靈工坊文化事業股份有限公司
電話—02）2702-9186　傳真—02）2702-9286
Email—service@psygarden.com.tw
網址—www.psygarden.com.tw

製版・印刷—漾格科技股份有限公司
總經銷—大和書報圖書股份有限公司
電話—02）8990-2588　傳真—02）2990-1658
通訊地址—248台北縣五股工業區五工五路二號
初版一刷—2012年7月　初版九刷—2023年12月
ISBN—978-986-6112-47-8　定價—280元

版權所有・翻印必究。如有缺頁、破損或裝訂錯誤，請寄回更換。